K-POP
動画
SNS

これが知りたかった！

韓国語
単語集

宍戸奈美・著

JN039839

KADOKAWA

<u>はじめに</u>

たくさんの単語集の中から、本書を手に取っていただき本当にありがとうございます！

本書は、K-POPや動画、SNSなどで出てくる、覚えておいた方が良い基本単語から略語、新語までもカバーした単語集です。

私は、好きなアイドルグループが何を言っているのか字幕なしで理解したくて韓国語の勉強をはじめました。

よく「どうしたら単語を覚えられますか？」という質問をいただきますが、その度に、「憧れの人（推し）が話した言葉を調べて、その単語を覚えてください」とお伝えしています。

もしかしたら、その単語は上級単語かもしれません。

でも、そんなことは関係ありません。初級だろうと上級だろうと憧れの人（推し）が話した単語なのですから。好きなことからはじめる勉強が一番！　私はそう思っています。

本書を手にしてくださったあなたが、好きなことから楽しく学べますように。

少しでも韓国語学習のお役に立てればうれしいです。

著者

本書の構成

本書は、韓国カルチャーに強い単語集です。
基本の単語はもちろんですが、辞書には載っていない俗語や略語、新語まで韓国で実際に使われているリアルな言葉を集めています。

① エンタメに特化した単語がもりだくさん

POINT!

K-POP、動画、SNS などでよく使われる単語を中心に
韓国でリアルに使われるものばかりをピックアップ！

SNS

SNS	에스엔에스	エスエヌエス
ティックトック	틱톡	ティクトク
インスタグラム	인스타그램	インスタグレム
インスタストーリー	인스타 스토리	インスタ ストリ
ツイッター	트위터	トゥウィト
ツイート	트윗	トゥウィッ
アカウント	계정	ケジョン
本アカウント	본계 (본계정の略)	ボンゲ (ボンゲジョン)
裏アカウント	뒷계 (뒷계정の略)	トゥィッケ (トゥィッケジョン)
鍵アカウント	블택계 (프로텍트계정の略)	プルテッケ (プロテクトケジョン)
タイムライン	탐라 (타임라인の略)	タムラ (タイムライン)
リプライ	답글	タックル
メンション	멘션	メンション
DM	쪽지 / 디엠	ッチョクチ / ディエム
いいね	좋아요	チョアヨ
固定ツイート	메트 (메인 트윗の略)	メトゥ (メイントゥウィッ)

フォロー	팔로우	パルロウ
フォロワー	팔로워	パルロウォ
フォローすること	팔로잉	パルロイン
先にフォローすること	선팔 (선팔로우の略)	ソンパル (ソンパルロウ)
相互フォロー	맞팔 (맞팔로우の略)	マッパル (マッパルロウ)
無言フォロー	무멘팔 (무멘션 팔로우の略)	ムメンパル (ムメンション パルロウ)
フォローを外すこと	언팔로우	オンパルロウ
ブロック	차단	チャダン
リツイート	리트윗 / 알티	リトゥウィッ / アルティ
引用リツイート	인알 (인용알티の略)	インアル (イニョンアルティ)
アカウントを削除すること	계폭 (계정 폭파の略)	ケポク (ケジョンポッパ)
リアルタイムのトレンド	실트 (실시간 트렌드の略)	シルトゥ (シルシガン トゥレンドゥ)
別アカウントに移動すること	계이 (계정 이동の略)	ケイ (ケジョン イドン)
ブロック解除すること	블언챠 (블럭 언챠단の略)	プロンチャ (プルラク オンチャダン)

MEMO
SNS独特の表現　アカウントを削除すること (계폭) やブロック解除すること (블언챠) などの行動は韓国では略語でよく表現させます。また、韓国独特の表現として「(写真を) 楽しく見ました (잘 보고가요)」があります。素敵な画像をあげているアカウントに話しかけるイメージです。

POINT!

役立つ雑学メモつき！

② イラストと入れ替えフレーズで覚えやすい

POINT!

入れ替えフレーズの空欄に単語を当てはめると
今すぐ使えるフレーズに！

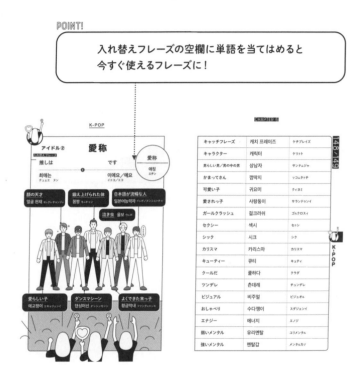

キャッチフレーズ	캐치 프레이즈	ケチプレイズ
キャラクター	캐릭터	ケリット
男らしい男／男の中の男	상남자	サンナムジャ
かまってきん	껌딱지	ッコムタクチ
可愛い子	귀요미	クィヨミ
愛され子っ子	사랑둥이	サランドゥンイ
ガールクラッシュ	걸크러쉬	ゴルクロスィ
セクシー	섹시	セクシ
シック	시크	シク
カリスマ	카리스마	カリスマ
キューティー	큐티	キュティ
クールだ	쿨하다	クラダ
ツンデレ	츤데레	チュンデレ
ビジュアル	비주얼	ビジュオル
おしゃべり	수다쟁이	スダジェンイ
エナジー	에너지	エノジ
弱いメンタル	유리멘탈	ユリメンタル
強いメンタル	멘탈갑	メンタルカプ

③ ハングルの基本もしっかり勉強できる

ビギナーも基礎から学べるよう、母音、子音、発音の変化までを解説。最後には通常のハングル表の他にも、カタカナで引けるハングル表もついているので、自分の名前をハングルで書くところからはじめられます。

CONTENTS

CHAPTER 1

基本の単語

CHAPTER 2

身近な単語

CHAPTER 3

動画

CHAPTER 4

テレビ

CHAPTER 5

SNS

CHAPTER 6

K-POP

CHAPTER 7

推しとの交流

CHAPTER 8

ハングルとは？

STAFF　アートディレクション：北田進吾　　校正：韓興鉄・(株) 文字工房燦光
　　　　デザイン：キタダデザイン　　　DTP：(株) 明昌堂
　　　　イラスト　：八重樫王明

CHAPTER

1

基本の単語

とき

昨日	어제	オジェ
今日	오늘	オヌル
明日	내일	ネイル
月曜日	월요일	ウォリョイル
火曜日	화요일	ファヨイル
水曜日	수요일	スヨイル
木曜日	목요일	モギョイル
金曜日	금요일	クミョイル
土曜日	토요일	トヨイル
日曜日	일요일	イリョイル
先週	지난주	チナンジュ
今週	이번 주	イボン ジュ
来週	다음 주	タウム ジュ
先月	지난달	チナンダル
今月	이번 달	イボン ダル
来月	다음 달	タウム ダル

昨年	작년	チャンニョン
今年	올해	オレ
来年	내년	ネニョン
春	봄	ポム
夏	여름	ヨルム
秋	가을	カウル
冬	겨울	キョウル
季節	계절	ケジョル
午前	오전	オジョン
午後	오후	オフ
朝	아침	アチム
昼	낮	ナッ
夕方	저녁	チョニョク
夜	밤	パム
明け方	새벽	セビョク
週末	주말	チュマル
休日	휴일	ヒュイル
平日	평일	ピョンイル

基本の単語

漢数字・単位

零	영	ヨン
一	일	イル
二	이	イ
三	삼	サム
四	사	サ
五	오	オ
六	육	ユク
七	칠	チル
八	팔	パル
九	구	ク
十	십	シプ
年／月	년／월	ニョン／ウォル
週／日	주／일	チュ／イル
分／秒	분／초	プン／チョ
ウォン	원	ウォン
センチ／メーター	센티／미터	センティ／ミト

固有数字・単位

1	하나	ハナ
2	둘	トゥル
3	셋	セッ
4	넷	ネッ
5	다섯	タソッ
6	여섯	ヨソッ
7	일곱	イルゴプ
8	여덟	ヨドル
9	아홉	アホプ
10	열	ヨル
時	시	シ
個	개	ケ
枚	장	チャン
歳	살	サル

基本の単語

MEMO

韓国語の数詞

漢数詞と固有数詞の2種類があり、それぞれ読み方が異なります。また、助数詞も、漢数詞につくものと固有数詞につくものがあるので、覚えるときにはセットで覚えるとよいでしょう。

順番

順番	순서	スンソ
初めて	처음	チョウム
次	다음	タウム
最後	마지막	マジマク
先に	먼저	モンジョ
後で	나중에	ナジュンエ
今	지금	チグム
さっき	아까/방금	アッカ/パングム
今すぐ	지금 바로	チグム パロ
前回	지난번	チナンボン
今回	이번	イボン
次回	다음번	タウムボン
毎回	매번	メボン
1回目	첫 번째	チョッ ポンチェ
2回目	두 번째	トゥ ポンチェ
3回目	세 번째	セ ポンチェ

方向・位置

東側	동쪽	トンチョク
西側	서쪽	ソッチョク
南側	남쪽	ナムチョク
北側	북쪽	プクチョク
上	위	ウィ
下	아래	アレ
右	오른쪽	オルンチョク
左	왼쪽	ウェンチョク
前	앞	アプ
後ろ	뒤	トゥイ
角	구석	クソク
隣	옆	ヨプ
そば	곁	キョッ
近所	근처	クンチョ
周辺	주변	チュビョン
間	사이	サイ

基本の単語

色・形

色	색	セク
赤色	빨간색	ッパルガンセク
桃色	분홍색	プノンセク
紫色	보라색	ポラセク
紺色	감색	カムセク
青色	파란색	パランセク
水色	하늘색	ハヌルセク
緑色	녹색	ノクセク
黄色	노란색	ノランセク
茶色	갈색	カルセク
白色	하얀색	ハヤンセク
灰色	회색	フェセク
黒色	검은색	コムンセク
金色	금색	クムセク
ピンク	핑크	ピンク
アッシュ	애쉬	エスィ

カーキ	카키	カキ
オレンジ	오렌지	オレンジ
ベージュ	베이지	ベイジ
グレー	그레이	グレイ
ネイビー	네이비	ネイビ
濃い色	진한 색	チナン セ<small>ク</small>
薄い色	연한 색	ヨナン セ<small>ク</small>
明るい色	밝은 색	パルグン セ<small>ク</small>
暗い色	어두운 색	オドゥウン セ<small>ク</small>
派手な色	화려한 색	ファリョハン セ<small>ク</small>
丸い	동그랗다	トングラッタ
円	원	ウォン
三角	삼각	サムガ<small>ク</small>
四角	사각	サガ<small>ク</small>
正方形	정사각형	チョンサガキョン
長方形	직사각형	チ<small>ク</small>サガキョン
ハート形	하트형	ハトゥヒョン
星形	별형	ピョリョン

基本の単語

大きさ・量

大きさ	크기	クギ
長さ	길이	キリ
重さ	무게	ムゲ
高さ	높이	ノピ
広さ	넓이	ノルビ
深さ	깊이	キピ
幅	폭	ポク
量	양	ヤン
多い／少ない	많다／적다	マンタ／チョクタ
合う／合わない	맞다／안 맞다	マッタ／アン　マッタ
大きい／小さい	크다／작다	クダ／チャクタ
長い／短い	길다／짧다	キルダ／ッチャルタ
重い／軽い	무겁다／가볍다	ムゴプタ／カビョプタ
高い／低い	높다／낮다	ノプタ／ナッタ
広い／狭い	넓다／좁다	ノルタ／チョプタ
深い／浅い	깊다／얕다	キプタ／ヤッタ

度合い

多く	많이	マニ
少し	조금	チョグム
本当に	정말로	チョンマルロ
マジで	진짜	チンチャ
とても	아주	アジュ
非常に	매우	メウ
あまりに	너무	ノム
かなり	되게	トェゲ
ものすごく	굉장히	クェンジャンヒ
最も	가장	カジャン
一番	제일	チェイル
それくらい	그만큼	クマンクム
どの程度	어느 정도	オヌ ジョンド
全く	전혀	チョニョ
若干	약간	ヤッカン
少なくとも	적어도	チョゴド

感覚

感覚	감각	カムガク
刺激	자극	チャグク
視覚	시각	シガク
聴覚	청각	チョンガク
音	소리	ソリ
嗅覚	후각	フガク
匂い	냄새	ネムセ
触覚	촉각	チョッカク
ぶつぶつ	중얼중얼	チュンオルジュンオル
ピリピリ	짜릿짜릿	ッチャリッチャリッ
フラフラ	휘청휘청	フィチョンフィチョン
カラカラ	바짝바짝	パッチャクパッチャク
ツルツル	반들반들	パンドゥルパンドゥル
ブルブル	부들부들	プドゥルプドゥル
クルクル	빙글빙글	ピングルピングル
ハラハラ	조마조마	チョマジョマ

ささっと	후다닥	フダダク
ドキドキ	두근두근	トゥグンドゥグン
チカチカ	깜박깜박	ッカンバクカンバク
ごちゃごちゃ	뒤죽박죽	トゥイジュクパクチュク
クネクネ	꿈틀꿈틀	ックムトゥルクムトゥル
キラキラ	반짝반짝	パンチャクパンチャク
キョロキョロ	두리번두리번	トゥリボンドゥリボン
モジモジ	머뭇머뭇	モムンモムッ
フワフワ	말랑말랑	マルランマルラン
ベタベタ	끈적끈적	ックンジョックンジョク
ザラザラ	까칠까칠	ッカチルカチル
ふかふか	폭신폭신	ポクシンポクシン
もちもち	쫀득쫀득	ッチョンドゥクチョンドゥク
シコシコ	쫄깃쫄깃	ッチョルギッチョルギッ
すべすべ	매끈매끈	メックンメックン
ドロドロ	질척질척	チルチョクチルチョク

MEMO
たくさんある
擬音・擬態語

韓国語は擬音・擬態語がとても多い言語です。バラエティー番組でも多用されているので、画面のテロップに現れる擬音・擬態語を、それが使われているシーンと重ね合わせると頭に入りやすいはず！

よく使う動詞

原形 行く	가다	カダ
ヘヨ 行きます	가요	カヨ
原形 来る	오다	オダ
ヘヨ 来ます	와요	ワヨ
原形 歩く	걷다	コッタ
ヘヨ 歩きます	걸어요	コロヨ
原形 走る	달리다	タルリダ
ヘヨ 走ります	달려요	タルリョヨ
原形 食べる	먹다	モクタ
ヘヨ 食べます	먹어요	モゴヨ
原形 飲む	마시다	マシダ
ヘヨ 飲みます	마셔요	マショヨ
原形 あげる	주다	チュダ
ヘヨ あげます	줘요	チュォヨ
原形 もらう	받다	パッタ
ヘヨ もらいます	받아요	パダヨ

(原形) 見る	보다	ポダ
(ヘヨ) 見ます	봐요	ポァヨ
(原形) 言う	말하다	マラダ
(ヘヨ) 言います	말해요	マレヨ
(原形) 聞く	듣다	トゥッタ
(ヘヨ) 聞きます	들어요	トゥロヨ
(原形) 読む	읽다	イクタ
(ヘヨ) 読みます	읽어요	イルゴヨ
(原形) 使う	쓰다	ッスダ
(ヘヨ) 使います	써요	ッソヨ
(原形) する	하다	ハダ
(ヘヨ) します	해요	ヘヨ
(原形) 考える	생각하다	センガカダ
(ヘヨ) 考えます	생각해요	センガケヨ
(原形) 感じる	느끼다	ヌッキダ
(ヘヨ) 感じます	느껴요	ヌッキョヨ

MEMO

原形では使わない！

「行く」「来る」などの原形のままでは、話し言葉でも書き言葉でも使用しません。会話では「〜です・ます」という意味のヘヨ体と呼ばれる形で使用することが多いので、セットで覚えてくださいね。

基本の単語

原形 寝る	자다	チャダ	
ヘヨ 寝ます	자요	チャヨ	
原形 起きる	일어나다	イロナダ	
ヘヨ 起きます	일어나요	イロナヨ	
原形 習う	배우다	ペウダ	
ヘヨ 習います	배워요	ペウォヨ	
原形 教える	가르치다	カルチダ	
ヘヨ 教えます	가르쳐요	カルチョヨ	
原形 休む	쉬다	スィダ	
ヘヨ 休みます	쉬어요	スィオヨ	
原形 作る	만들다	マンドゥルダ	
ヘヨ 作ります	만들어요	マンドゥロヨ	
原形 探す	찾다	チャッタ	
ヘヨ 探します	찾아요	チャジャヨ	
原形 忘れる	잊다	イッタ	
ヘヨ 忘れます	잊어요	イジョヨ	
原形 喧嘩する	싸우다	ッサウダ	
ヘヨ 喧嘩します	싸워요	ッサウォヨ	

原形	生きる	살다	サルダ
ヘヨ	生きます	살아요	サラヨ
原形	死ぬ	죽다	チュクタ
ヘヨ	死にます	죽어요	チュゴヨ
原形	生まれる	태어나다	テオナダ
ヘヨ	生まれます	태어나요	テオナヨ
原形	持つ	가지다	カジダ
ヘヨ	持ちます	가져요	カジョヨ
原形	(手に)持つ	들다	トゥルダ
ヘヨ	(手に)持ちます	들어요	トゥロヨ
原形	出て行く	나가다	ナガダ
ヘヨ	出て行きます	나가요	ナガヨ
原形	戻る	돌아오다	トラオダ
ヘヨ	戻ります	돌아와요	トラワヨ
原形	乗る	타다	タダ
ヘヨ	乗ります	타요	タヨ
原形	降りる	내리다	ネリダ
ヘヨ	降ります	내려요	ネリョヨ

基本の単語

原形	はじめる	시작하다	シジャカダ
ヘヨ	はじめます	시작해요	シジャケヨ
原形	はじまる	시작되다	シジャクトェダ
ヘヨ	はじまります	시작돼요	シジャクトェヨ
原形	終わる	끝나다	ックンナダ
ヘヨ	終わります	끝나요	ックンナヨ
原形	開く	열다	ヨルダ
ヘヨ	開けます	열어요	ヨロヨ
原形	閉める	닫다	タッタ
ヘヨ	閉めます	닫아요	タダヨ
原形	着る	입다	イプタ
ヘヨ	着ます	입어요	イボヨ
原形	脱ぐ	벗다	ポッタ
ヘヨ	脱ぎます	벗어요	ポソヨ
原形	遊ぶ	놀다	ノルダ
ヘヨ	遊びます	놀아요	ノラヨ
原形	立つ	서다	ソダ
ヘヨ	立ちます	서요	ソヨ

原形 座る	앉다	アンタ
ヘヨ 座ります	앉아요	アンジャヨ
原形 会う	만나다	マンナダ
ヘヨ 会います	만나요	マンナヨ
原形 別れる	헤어지다	ヘオジダ
ヘヨ 別れます	헤어져요	ヘオジョヨ
原形 送る	보내다	ポネダ
ヘヨ 送ります	보내요	ポネヨ
原形 履く	신다	シンタ
ヘヨ 履きます	신어요	シノヨ
原形 跳ぶ	뛰다	ットゥィダ
ヘヨ 跳びます	뛰어요	ットゥィオヨ
原形 尋ねる	묻다	ムッタ
ヘヨ 尋ねます	물어요	ムロヨ
原形 変える	바꾸다	パックダ
ヘヨ 変えます	바꿔요	パックォヨ
原形 信じる	믿다	ミッタ
ヘヨ 信じます	믿어요	ミドヨ

基本の単語

よく使う形容詞

原形	高い	비싸다	ピッサダ
ヘヨ	高いです	비싸요	ピッサヨ
原形	安い	싸다	ッサダ
ヘヨ	安いです	싸요	ッサヨ
原形	厚い	두껍다	トゥッコプタ
ヘヨ	厚いです	두꺼워요	トゥッコウォヨ
原形	薄い	얇다	ヤルタ
ヘヨ	薄いです	얇아요	ヤルバヨ
原形	遠い	멀다	モルダ
ヘヨ	遠いです	멀어요	モロヨ
原形	近い	가깝다	カッカプタ
ヘヨ	近いです	가까워요	カッカウォヨ
原形	うるさい	시끄럽다	シックロプタ
ヘヨ	うるさいです	시끄러워요	シックロウォヨ
原形	静かだ	조용하다	チョヨンハダ
ヘヨ	静かです	조용해요	チョヨンヘヨ

原形	良い	좋다	チョッタ
ヘヨ	良いです	좋아요	チョアヨ
原形	悪い	나쁘다	ナップダ
ヘヨ	悪いです	나빠요	ナッパヨ
原形	きれいだ	예쁘다	イェップダ
ヘヨ	きれいです	예뻐요	イェッポヨ
原形	汚い	더럽다	トロプタ
ヘヨ	汚いです	더러워요	トロウォヨ
原形	かわいい	귀엽다	クィヨプタ
ヘヨ	かわいいです	귀여워요	クィヨウォヨ
原形	美しい	아름답다	アルムダプタ
ヘヨ	美しいです	아름다워요	アルムダウォヨ
原形	忙しい	바쁘다	パップダ
ヘヨ	忙しいです	바빠요	パッパヨ
原形	退屈だ	심심하다	シムシマダ
ヘヨ	退屈です	심심해요	シムシメヨ
原形	おもしろい	재미있다	チェミイッタ
ヘヨ	おもしろいです	재미있어요	チェミイッソヨ

基本の単語

原形	寒い	춥다	チュプタ
ヘヨ	寒いです	추워요	チュウォヨ
原形	暑い	덥다	トプタ
ヘヨ	暑いです	더워요	トウォヨ
原形	爽やかだ	시원하다	シウォナダ
ヘヨ	爽やかです	시원해요	シウォネヨ
原形	温かい	따뜻하다	ッタットゥタダ
ヘヨ	温かいです	따뜻해요	ッタットゥテヨ
原形	熱い	뜨겁다	ットゥゴプタ
ヘヨ	熱いです	뜨거워요	ットゥゴウォヨ
原形	冷たい	차갑다	チャガプタ
ヘヨ	冷たいです	차가워요	チャガウォヨ
原形	速い	빠르다	ッパルダ
ヘヨ	速いです	빨라요	ッパルラヨ
原形	遅い	늦다	ヌッタ
ヘヨ	遅いです	늦어요	ヌジョヨ
原形	強い	강하다	カンハダ
ヘヨ	強いです	강해요	カンヘヨ

原形	弱い	약하다	ヤカダ
ヘヨ	弱いです	약해요	ヤケヨ
原形	古い	낡다	ナクタ
ヘヨ	古いです	낡아요	ナルガヨ
原形	新しい	새롭다	セロプタ
ヘヨ	新しいです	새로워요	セロウォヨ
原形	寂しい	외롭다	ウェロプタ
ヘヨ	寂しいです	외로워요	ウェロウォヨ
原形	親しい	친하다	チナダ
ヘヨ	親しいです	친해요	チネヨ
原形	若い	젊다	チョムタ
ヘヨ	若いです	젊어요	チョルモヨ
原形	恋しい	그립다	クリプタ
ヘヨ	恋しいです	그리워요	クリウォヨ
原形	簡単だ	쉽다	スィプタ
ヘヨ	簡単です	쉬워요	スィウォヨ
原形	難しい	어렵다	オリョプタ
ヘヨ	難しいです	어려워요	オリョウォヨ

基本の単語

よく使う副詞

とにかく	아무튼	アムトゥン
よく	잘	チャル
すべて	다	タ
また	또	ット
すぐ	곧	コッ
さらに	더	ト
もう一度	다시	タシ
必ず	꼭／반드시	ッコク/パンドゥシ
絶対	절대	チョルテ
時々	가끔	カックム
常に	항상	ハンサン
すでに	벌써	ポルソ
まだ	아직	アジク
ずっと	계속	ケソク
速く	빨리	ッパルリ
早く	일찍	イルチク

みんな	모두	モドゥ
とうてい	도저히	トジョヒ
一緒に	같이	カチ
共に	함께	ハムケ
相変わらず	여전히	ヨジョニ
無事に	무사히	ムサヒ
ゆっくり	천천히	チョンチョニ
突然	갑자기	カプチャギ
一体	도대체	トデチェ
もしかして	혹시	ホクシ
やはり	역시	ヨクシ
多分	아마	アマ
もし	만약	マニャク
まさか	설마	ソルマ
徐々に	서서히	ソソヒ
よく（多く）	흔히	フニ
たかが	고작	コジャク
それほど	그다지	クダジ

基本の単語

接続副詞

そして	그리고	クリゴ
それで	그래서	クレソ
だから	〜으니까・〜니까	ウニッカ・ニッカ
したがって	따라서	ッタラソ
そしたら	그러면	クロミョン
すると	그랬더니	クレットニ
それから	그리고 나서	クリゴ　ナソ
しかし	하지만	ハジマン
それでも	그래도	クレド
〜なのに	〜는데	ヌンデ
なぜなら	왜냐하면	ウェニャハミョン
ところで	그런데	クロンデ
もしくは	혹은	ホグン
とにかく	그나저나	クナジョナ
さらに	게다가	ケダガ
つづけて	이어서	イオソ

助詞

～が	이・가	イ・ガ
～は	은・는	ウン・ヌン
～を（「～に」の場合もあります）	을・를	ウル・ルル
～の	의	エ
～に（物、場所）	에	エ
～に（人）	에게	エゲ
～から、～で（場所）	에서	エソ
～で（手段）	으로・로	ウロ・ロ
～に（加え）	에다가	エダガ
～から（時間）	부터	プト
～まで（時間、場所）	까지	ッカジ
～と	과・와	クァ・ワ
～と（話し言葉の場合）	이랑・랑	イラン・ラン
～と（パッチムでの区別なし）	하고	ハゴ

基本の単語

MEMO

助詞の前に来る
言葉に注意！

一部の助詞は、その前に来る文字にパッチム（音節）があるかどうかで使い分けします。点で区切って併記した左側はパッチムあり、右側はパッチムなしの場合に使います。パッチムの説明は後述の「ハングルとは？」をチェック！

漢字語ってなに？

韓国語には、日本語と発音が似ているものもあります。

実は韓国にも、中国から伝わった漢字があり、それらは「漢字語」と呼ばれ、今でも使われています。

基本的に、漢字一文字につき、ハングル一文字があてはまります。

例

기분 キブン　気分　　무시 ムシ　無視　　준비 ジュンビ　準備

単語だけ聞いていたら、「あれ？日本語？」と勘違いするほど、日本語に近い発音です。

漢字語はハングルの半数以上を占めます。つまり、ハングルの半数以上が漢字で表記できるのです。

漢字語の漢字は日本語と違い、音読みしかありません。例を見てみましょう。

例

식　シク　食　　　심　シム　心　　　미　ミ　美

すべての漢字語が日本語と同じ使い方ができるわけではなく、中にはどちらか一方にしかない単語や、同じ単語でも意味が異なるものもあります。

例えば、「風邪」という単語はそのままハングルで書いても意味が通じません。

韓国語で「風邪」を意味するのは、漢字で書くと「感気」となるハングル、「감기（カムギ）」です。

例

風邪＝감기（感気）　　順番＝차례（次例）　　生涯＝평생（平生）

漢字語の読みが分かると、連想ゲームのようにどんどん語彙を増やすことができます。知らない単語でも推測することが可能になるのです。

韓国語をじっくり勉強したい方は、漢字語を詳しく学んでみるのもよいでしょう。

例

안심（安心）　→　심장（心臓）　→　장기（臓器）

CHAPTER

2

身近な単語

あいさつ

こんにちは	안녕하세요	アンニョンハセヨ
おはようございます	좋은 아침입니다	チョウン アチミムニダ
はじめまして	처음 뵙겠습니다	チョウム プェプケッスムニダ
私の名前は〜です	제 이름은 〜입니다	チェ イルムン イムニダ
よろしくお願いします	잘 부탁드립니다	チャル プタクトゥリムニダ
(見送る人に) さよなら	안녕히 계세요	アンニョンヒ ゲセヨ
(去る人に) さよなら	안녕히 가세요	アンニョンヒ ガセヨ
バイバイ	안녕	アンニョン
じゃあね	잘 가요	チャル ガヨ
もう行きます	이제 갈게요	イジェ カルケヨ
また会いましょう	또 만나요	ット マンナヨ
お元気で	건강하세요	コンガンハセヨ
気をつけて行ってください	조심히 가세요	チョシミ ガセヨ
連絡します	연락할게요	ヨルラカルケヨ
お疲れ様でした	수고했습니다	スゴヘッスムニダ
お元気ですか?	잘 지내세요?	チャル チネセヨ

元気です	잘 지내요	チャル　チネヨ
食事しましたか？	식사하셨어요 ?	シクサハショッソヨ
食事しました	식사했어요	シクサヘッソヨ
大丈夫ですか？	괜찮아요 ?	クェンチャナヨ
大丈夫です	괜찮아요	クェンチャナヨ
ありがとう	고마워요	コマウォヨ
サンキュー	땡큐	ッテンキュ
ありがとうございます	감사합니다	カムサハムニダ
どういたしまして	천만에요	チョンマネヨ
ごめんね	미안해	ミアネ
ごめんなさい	미안합니다	ミアナムニダ
申し訳ありません	죄송합니다	チェソンハムニダ
久しぶりです	오랜만이에요	オレンマニエヨ
いただきます	잘 먹겠습니다	チャル　モッケッスムニダ
ごちそうさまでした	잘 먹었습니다	チャル　モゴッスムニダ
おやすみなさい	잘 자요	チャル　ジャヨ
いってきます	다녀오겠습니다	タニョオゲッスムニダ
ただいま	다녀왔습니다	タニョワッスムニダ

身近な単語

あいづち・返事

そうだね	그러게	クロゲ
そうですか?	그래요?	クレヨ
マジで?	진짜?	チンチャ
そのとおり	맞아요	マジャヨ
だよね?	그렇지?	クロッチ
そうなんだ!	그렇구나!	クロックナ
やっぱり!	역시!	ヨクシ
どうしよう!	어떡해!	オットケ
すごーい!	대단해!	テダネ
それで?	그래서?	クレソ
何それ!?	그게 뭐야!?	クゲ ムォヤ
はい	네	ネ
いいえ	아니요	アニヨ
もしもし	여보세요	ヨボセヨ
分かりました	알겠습니다	アルゲッスムニダ
分からないです	모르겠습니다	モルゲッスムニダ

こそあど言葉

これ	이것	イゴッ
それ	그것	クゴッ
あれ	저것	チョゴッ
どれ	어느 것	オヌ　ゴッ
ここ	여기	ヨギ
そこ	거기	コギ
あそこ	저기	チョギ
どこ	어디	オディ
こうして	이렇게	イロケ
そうして	그렇게	クロケ
ああして	저렇게	チョロケ
どうやって	어떻게	オットケ
この	이	イ
その	그	ク
あの	저	チョ
どの	어느	オヌ

質問・お願い

ありますか？／いますか？	있어요?	イッソヨ
ありませんか？／いませんか？	없어요?	オプソヨ
どうですか？	어때요?	オッテヨ
いくらですか？	얼마예요?	オルマエヨ
何がしたいですか？	뭘 하고 싶어요?	ムォル ハゴ シポヨ
何	뭐	ムォ
何の	무슨	ムスン
何〜	몇〜	ミョッ
なぜ	왜	ウェ
いつ	언제	オンジェ
誰	누구	ヌグ
どこ	어디	オディ
どの	어느	オヌ
どっち	어느 쪽	オヌ ッチョク
どんな	어떤	オットン
ください	주세요	チュセヨ

お願いします	부탁합니다	プタカムニダ
～してくださいますか？	～아/어 주시겠어요？	ア／オ　ジュシゲッソヨ
席はありますか？	자리 있어요？	チャリ　イッソヨ
もうありませんか？	이제 없어요？	イジェ　オプソヨ
これはどうですか？	이것은 어때요？	イゴスン　オッテヨ
チケットはいくらですか？	티켓은 얼마예요？	ティケスン　オルマエヨ
買いたいですか？	사고 싶어요？	サゴ　シポヨ
何をしましたか？	뭐 했어요？	ムォ　ヘッソヨ
何の仕事をされてますか？	무슨 일을 하세요？	ムスン　ニルル　ハセヨ
おいくつですか？	몇 살이세요？	ミョッ　サリセヨ
なぜですか？	왜요？	ウェヨ
誕生日はいつですか？	생일이 언제예요？	センイリ　オンジェエヨ
誰が来ますか？	누가 와요？	ヌガ　ワヨ
どこにありますか？	어디에 있어요？	オディエ　イッソヨ
どの人ですか？	어느 사람입니까？	オヌ　サラミムニッカ
どっちが好きですか？	어느 쪽이 좋아요？	オヌ　ッチョギ　チョアヨ
どんな気分でしたか？	어떤 기분이었어요？	オットン　キブニオッソヨ
これください	이거 주세요	イゴ　ジュセヨ

身近な単語

感情

楽しい	즐겁다	チュルゴプタ
うれしい	기쁘다	キップダ
羨ましい	부럽다	プロプタ
幸せだ	행복하다	ヘンボカダ
悔しい	억울하다	オグラダ
イライラする	짜증나다	ッチャジュンナダ
驚く	놀라다	ノルラダ
びっくりする	깜짝 놀라다	ッカムチャク ノルラダ
恥ずかしい	부끄럽다	プックロプタ
照れくさい	수줍다	スジュプタ
寂しい	외롭다	ウェロプタ
悲しい	슬프다	スルプダ
好きだ	좋아하다	チョアハダ
嫌いだ	싫어하다	シロハダ
つらい	괴롭다	クェロプタ
もどかしい	답답하다	タプタパダ

性格

性格	성격	ソンキョク
優しい	착하다	チャカダ
親切だ	친절하다	チンジョラダ
大人しい	얌전하다	ヤムジョナダ
勤勉だ	부지런하다	プジロナダ
気難しくうるさい	까다롭다	ッカダロプタ
無愛想だ	무뚝뚝하다	ムトゥクトゥカダ
図々しい	뻔뻔하다	ッポンポナダ
間抜けだ	멍청하다	モンチョンハダ
臆病だ	겁이 많다	コビ マンタ
傲慢だ	거만하다	コマナダ
生意気だ	건방지다	コンバンジダ
几帳面だ	꼼꼼하다	ッコムコマダ
人見知りだ	낯을 가리다	ナチュル カリダ
内向的だ	내성적이다	ネソンジョギダ
外向的だ	외향적이다	ウェヒャンジョギダ

顔・体

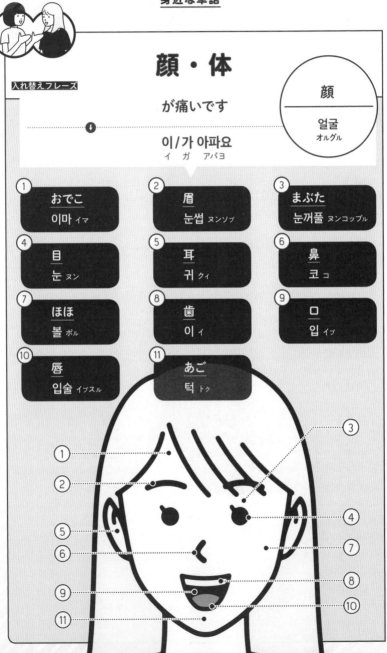

入れ替えフレーズ

が痛いです

이/가 아파요
イ　ガ　アパヨ

顔
얼굴 オルグル

① おでこ
이마 イマ

② 眉
눈썹 ヌンソプ

③ まぶた
눈꺼풀 ヌンコップル

④ 目
눈 ヌン

⑤ 耳
귀 クィ

⑥ 鼻
코 コ

⑦ ほほ
볼 ポル

⑧ 歯
이 イ

⑨ 口
입 イプ

⑩ 唇
입술 イプスル

⑪ あご
턱 トク

体	몸	モム
頭	머리	モリ
髪の毛	머리카락	モリカラク
胸	가슴	カスム
腕	팔	パル
肩	어깨	オッケ
背中	등	トゥン
腰	허리	ホリ
腹	배	ペ
尻	엉덩이	オンドンイ
手首	손목	ソンモク
脚	다리	タリ
足首	발목	パルモク
首	목	モク
手	손	ソン
指	손가락	ソンカラク
手の爪	손톱	ソントプ
足の爪	발톱	パルトプ

身近な単語

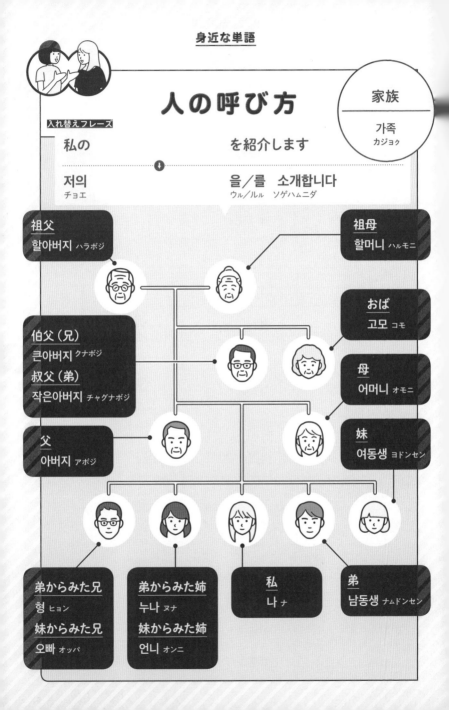

人の呼び方

家族

가족
カジョク

入れ替えフレーズ

私の _____ を紹介します

저의 _____ 을/를 소개합니다
チョエ　　　　ウル/ルル　ソゲハムニダ

祖父

할아버지 ハラボジ

祖母

할머니 ハルモニ

伯父（兄）

큰아버지 クナボジ

叔父（弟）

작은아버지 チャグナボジ

おば

고모 コモ

母

어머니 オモニ

父

아버지 アボジ

妹

여동생 ヨドンセン

弟からみた兄

형 ヒョン

妹からみた兄

오빠 オッパ

弟からみた姉

누나 ヌナ

妹からみた姉

언니 オンニ

私

나 ナ

弟

남동생 ナムドンセン

パパ	아빠	アッパ
ママ	엄마	オンマ
夫婦	부부	ププ
夫	남편	ナムピョン
妻	아내	アネ
子供	아이	アイ
息子	아들	アドゥル
娘	딸	ッタル
孫	손자	ソンジャ
一人っ子	외동	ウェドン
双子	쌍둥이	ッサンドゥンイ
兄弟	형제	ヒョンジェ
姉妹	자매	チャメ
友達	친구	チング
いとこ	사촌	サチョン
甥／姪	조카	チョカ
(親戚以外の) おじさん	아저씨	アジョッシ
(親戚以外の) おばさん	아줌마	アジュンマ

身近な単語

職業

職業	직업	チゴプ
会社員	회사원	フェサウォン
公務員	공무원	コンムウォン
医師	의사	ウィサ
看護師	간호사	カノサ
エンジニア	엔지니어	エンジニオ
弁護士	변호사	ピョノサ
教師	교사	キョサ
セールスマン	세일즈맨	セイルズメン
販売員	판매원	パンメウォン
警察官	경찰관	キョンチャルグァン
警備員	경비원	キョンビウォン
消防士	소방관	ソバングァン
保育士	보육사	ポユクサ
銀行員	은행원	ウネンウォン
運転手	기사님	キサニム

調理師	조리사	チョリサ
ウェイター	웨이터	ウェイト
美容師	미용사	ミヨンサ
写真家	사진사	サジンサ
デザイナー	디자이너	ディジャイノ
作家	작가	チャッカ
モデル	모델	モデル
記者	기자	キジャ
通訳	통역사	トンヨクサ
翻訳家	번역사	ポニョクサ
スポーツ選手	스포츠 선수	スポチュ　ソンス
ユーチューバー	유튜버	ユトゥボ
家政婦	가정부	カジョンブ
主婦	주부	チュブ
アルバイト	아르바이트 (略、알바)	アルバイトゥ (アルバ)
無職	백수	ペクス
職業は何ですか？	직업이 뭐예요 ?	チゴビ　ムォエヨ
私は～です	저는 ～입니다	チョヌン　イムニダ

部屋・家具

家	집	チプ
アパート／マンション	아파트	アパトゥ
ワンルーム	원룸	ウォンルム
寄宿舎	기숙사	キスクサ
引っ越し	이사	イサ
エレベーター	엘리베이터	エルリベイト
階段	계단	ケダン
部屋	방	パン
壁	벽	ピョク
柱	기둥	キドゥン
天井	천장	チョンジャン
窓	창문	チャンムン
ガラス	유리	ユリ
床	마루	マル
廊下	복도	ポクト
ドア	문	ムン

玄関	현관	ヒョングァン
寝室	침실	チムシル
浴室	욕실	ヨクシル
トイレ	화장실	ファジャンシル
洗面台	세면대	セミョンデ
キッチン	부엌	プオク
リビング	거실	コシル
家具	가구	カグ
机	책상	チェクサン
椅子	의자	ウィジャ
ソファー	소파	ソパ
ベッド	침대	チムデ
時計	시계	シゲ
エアコン	에어컨	エオコン
扇風機	선풍기	ソンプンギ
冷蔵庫	냉장고	ネンジャンゴ
洗濯機	세탁기	セタッキ
掃除機	청소기	チョンソギ

身近な単語

家事・ルーティン

生活	생활	センファル
家事	가사	カサ
習慣	습관	スプクァン
日常	일상	イルサン
料理	요리	ヨリ
皿洗い	설거지	ソルゴジ
原形 洗う	씻다	ッシッタ
ヘヨ 洗います	씻어요	ッシソヨ
買い物	장보기	チャンボギ
洗濯	세탁	セタク
原形 干す	널다	ノルダ
ヘヨ 干します	널어요	ノロヨ
掃除	청소	チョンソ
雑巾	걸레	コルレ
ほこり	먼지	モンジ
アイロン	다리미	タリミ

原形 捨てる	버리다	ポリダ
ヘヨ 捨てます	버려요	ポリョヨ
ゴミ箱	휴지통	ヒュジトン
ゴミ	쓰레기	ッスレギ
リサイクル	리사이클	リサイクル
朝ご飯	아침밥	アチムパプ
昼ご飯	점심	チョムシム
夕ご飯	저녁	チョニョク
夜食	야식	ヤシク
おやつ	간식	カンシク
出勤	출근	チュルグン
退勤	퇴근	トゥェグン
登校	등교	トゥンギョ
下校	하교	ハギョ
仕事	일	イル
遅刻	지각	チガク
散歩	산책	サンチェク
用事	볼일	ポルリル

身近な単語

カフェ

カフェ	카페	カペ
飲み物	음료수	ウムニョス
コーヒーショップ	커피숍	コピショプ
カウンター	카운터	カウント
トレイ	쟁반	チェンバン
クーポン	쿠폰	クポン
ポイント	포인트	ポイントゥ
サイズ	사이즈	サイズ
呼び出しベル	진동벨	チンドンベル
ストロー	빨대	ッパルテ
テイクアウト	테이크아웃	テイクアウッ
ナプキン	휴지／냅킨	ヒュジ／ネプキン
ホット／アイス	따뜻한 거／차가운 거	ッタットゥタン　ゴ／チャガウン　ゴ
ティースプーン	티스푼	ティスプン
紙コップ	종이컵	チョンイコプ
グラス	유리컵	ユリコプ

氷	얼음	オルム
シロップ	시럽	シロプ
ホイップクリーム	휘핑크림	フィピンクリム
ミルク	밀크	ミルク
トッピング	토핑	トピン
モーニングセット	모닝세트	モニンセトゥ
ランチセット	런치세트	ロンチセトゥ
スムージー	스무디	スムディ
タピオカドリンク	버블티	ポブルティ
アメリカーノ	아메리카노	アメリカノ
カップ	컵	コプ
カフェラテ	카페라떼	カペラッテ
ラテアート	라떼아트	ラッテアトゥ
ミネラルウォーター	생수	センス
炭酸水	탄산수	タンサンス
紅茶	홍차	ホンチャ
アイスティー	아이스티	アイスティ
ジュース	주스	ジュス

レストラン

入れ替えフレーズ

くださいください

↓

주세요
ジュセヨ

おしぼり
물수건 ムルスゴン

箸
젓가락 チョッカラク

メニュー表
메뉴판 メニュパン

フォーク
포크 ポク

水
물 ムル

スプーン
숟가락 スッカラク

ナイフ
나이프 ナイプ

キムチ
김치 キムチ

(茶碗や容器に入った)
ご飯
공기밥 コンギパプ

レストラン
레스토랑 レストラン

たくあん
단무지 タンムジ

取り皿
앞접시 アプチョプシ

おいしいお店	맛집	マッチプ
店員	점원	チョムォン
食事	식사	シクサ
ご飯	밥	パプ
席	자리	チャリ
空席	빈자리	ピンジャリ
予約	예약	イェヤク
注文	주문	チュムン
セルフ	셀프	セルプ
大盛り	곱빼기	コッペギ
追加	추가	チュガ
おかわり	리필	リピル
会計	계산	ケサン
レシート	영수증	ヨンスジュン
割り勘	더치페이	トチペイ
カード	카드	カドゥ
お持ち帰り	포장	ポジャン
無料／タダ	무료／공짜	ムリョ／コンチャ

学校

学校	학교	ハッキョ
小学生	초등학생 (略、초딩)	チョドゥンハクセン (チョディン)
小学校	초등학교	チョドゥンハッキョ
中学生	중학생 (略、중딩)	チュンハクセン (チュンディン)
中学校	중학교	チュンハッキョ
高校生	고등학생 (略、고딩)	コドゥンハクセン (コディン)
高校	고등학교	コドゥンハッキョ
大学生	대학생 (略、대딩)	テハクセン (テディン)
大学	대학교	テハッキョ
先生	선생님 (略、샘)	ソンセンニム (セム)
学生	학생	ハクセン
勉強	공부	コンブ
成績	성적	ソンジョク
自習	자습	チャスプ
試験	시험	シホム
問題	문제	ムンジェ

模擬試験	모의고사	モイゴサ
期末試験	기말고사	キマルゴサ
大学入試試験	수능	スヌン
面接	면접	ミョンジョプ
答え	답	タプ
誤答	오답	オダプ
合格	합격	ハプキョク
不合格	불합격	プラプキョク
入学	입학	イパク
卒業	졸업	チョロプ
浪人	재수	チェス
留学	유학	ユハク
夏休み	여름방학	ヨルムパンハク
冬休み	겨울방학	キョウルパンハク

身近な単語

MEMO

勉強量がケタ違い！　シビアな学歴社会の韓国は、学生の勉強時間がとても長いことで有名。高校は0時限目から始まり、ヤジャ（야자）タイムと呼ばれる夜間自律学習で21〜22時まで勉強することもあるんだとか。放課後、学生たちは夕食を食べてから教室で勉強を続けます。

COLUMN

韓国の非公認記念日

1月14日	ダイアリーデー	恋人たちが手帳をお互いに贈りあう。
2月14日	バレンタインデー	女性が好きな男性に告白する。
3月14日	ホワイトデー	男性が女性に告白をする。
4月14日	ブラックデー	バレンタインデーにもホワイトデーにも恋人ができなかった人が、ジャージャー麺を食べる。
5月14日	イエローデー	ブラックデーにも恋人ができなかった人が、黄色い服を着て、カレーを食べる。
6月14日	キスデー	恋人たちがキスをする。
7月14日	シルバーデー	恋人たちがシルバーの指輪を贈りあう。
8月14日	グリーンデー	恋人たちが森林浴する。
9月14日	フォトデー	恋人たちが記念写真を撮る。
10月14日	ワインデー（レッドデー）	恋人たちが一緒にワインを飲む。
11月14日	ムービーデー	恋人と一緒に映画を観る。
12月14日	ハグデー	恋人たちがハグをする。

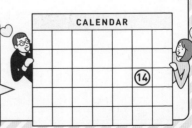

CALENDAR

⑭

ブラックデーやイエローデーは恋人がいない人のイベントと考えると、かわいそうに思えますが、むしろ自分がフリーということをアピールして恋人を作るチャンスにもなるのです。

動画

グルメ① コンビニの食べ物

入れ替えフレーズ

???	を食べます
???	を/를 먹어요 ウル/ルル モゴヨ

大食い動画
먹방 モクパン

トッポッキ
떡볶이 トクポッキ

ソーセージ
소세지 ソセジ

カップラーメン
컵라면 コムナミョン

フランクフルト
프랑크푸르트 プランクプルトゥ

三角おにぎり
삼각김밥 サムガッキムパプ

チーズ
치즈 チズ

海苔
김 キム

コンビニ定食
편의점정식 ピョニジョムジョンシク

ヨーグルト	요거트	ヨゴトゥ
バナナ	바나나	バナナ
牛乳	우유	ウユ
プリン	푸딩	プディン
ゼリー	젤리	ジェルリ
サンドイッチ	샌드위치	センドゥウィチ
チョコパイ	초코파이	チョコパイ
チキン	치킨	チキン
ソース	소스	ソス
原形 (液体に) つける	찍다	ッチクタ
ヘヨ (液体に) つけます	찍어요	ッチゴヨ
一人ご飯	혼밥	ホンバプ
電子レンジ	전자렌지	チョンジャレンジ
お湯	더운 물	トウン　ムル

動画

MEMO

ただ食べるだけの動画

먹방 (モクパン) は、「食べる放送」を意味する먹는 방송 (モンヌン バンソン) の略。様々なものを大食いする様子をおさめた動画のことですが、中でもトッポッキ、スパゲティ、ソーセージ、チーズなどを混ぜたレシピの「コンビニ定食」が有名です。どんな味なのかはぜひ試してみてください。

グルメ② 食べ物全般

外食	외식	ウェシク
ビュッフェ	뷔페	ブィペ
肉	고기	コギ
魚	생선	センソン
海鮮物	해산물	ヘサンムル
日本食	일식	イルシク
うどん	우동	ウドン
ちゃんぽん	짬뽕	ッチャンポン
寿司	초밥	チョバプ
とんかつ	돈까스	トンッカス
たくあん	단무지	タンムジ
中華料理	중국요리	チュングンニョリ
餃子	만두	マンドゥ
チャーハン	볶음밥	ポックンパプ
ジャージャー麺	짜장면	ッチャジャンミョン
洋食	양식	ヤンシク

パスタ	파스타	パスタ
ステーキ	스테이크	ステイク
ピザ	피자	ピジャ
カレー	카레	カレ
スープ	수프	スプ
サラダ	샐러드	セルロドゥ
ドレッシング	드레싱	ドゥレシン
パン	빵	ッパン
韓国料理	한식	ハンシク
ソトクソトク	소떡소떡	ソットクソットク
ホットク（韓国定番のお菓子）	호떡	ホットク
ハットグ（アメリカンドッグ）	핫도그	ハッドグ
居酒屋	술집	スルチプ
焼き鳥	닭꼬치	タッコチ
ビール	맥주	メクチュ
焼酎	소주	ソジュ
マッコリ	막걸리	マッコルリ
ワイン	와인	ワイン

動画

グルメ③　味わう

原形	美味しそう	맛있겠다	マシッケッタ
ヘヨ	美味しそうです	맛있겠어요	マシッケッソヨ
原形	美味しい	맛있다	マシッタ
ヘヨ	美味しいです	맛있어요	マシッソヨ
原形	まずい	맛없다	マドプタ
ヘヨ	まずいです	맛없어요	マドプソヨ
原形	辛い	맵다	メプタ
ヘヨ	辛いです	매워요	メウォヨ
原形	甘い	달다	タルダ
ヘヨ	甘いです	달아요	タラヨ
原形	(おいしく)甘い	달달하다	タルダラダ
ヘヨ	(おいしく)甘いです	달달해요	タルダレヨ
原形	甘辛い	매콤하다	メコマダ
ヘヨ	甘辛いです	매콤해요	メコメヨ
原形	苦い	쓰다	ッスダ
ヘヨ	苦いです	써요	ッソヨ

(原形) しょっぱい	짜다	ッチャダ
(ヘヨ) しょっぱいです	짜요	ッチャヨ
(原形) 味が薄い	싱겁다	シンゴプタ
(ヘヨ) 味が薄いです	싱거워요	シンゴウォヨ
(原形) 脂っこい	느끼하다	ヌッキハダ
(ヘヨ) 脂っこいです	느끼해요	ヌッキヘヨ
(原形) 酸っぱい	시다	シダ
(ヘヨ) 酸っぱいです	셔요	ショヨ
珍味	별미	ピョルミ
ご飯泥棒（ご飯がすすむおかず）	밥도둑	パプトドゥク
本場の味	본고장 맛	ポンゴジャン　マッ
いい組み合わせ	꿀조합	ックルチョハプ
口に合う	입맛에 맞다	インマセ　マッタ
手作りの味だ	손맛이다	ソンマシダ
まろやかだ	순하다	スナダ
香ばしい	고소하다	コソハダ
モグモグ	냠냠	ニャムニャム
食感	식감	シッカム

動画

ファッション

入れ替えフレーズ

???	がよく似合います！

↓

???	이/가 잘 어울려요！ イ/ガ チャル オウルリョヨ

服
___
옷
オッ

① キャップ 캡모자 ケプモジャ	④ ズボン 바지 パジ	⑦ カバン 가방 カバン	⑩ コート 코트 コトゥ
② リュック 배낭 ペナン	⑤ スニーカー 스니커 スニコ	⑧ ヒール 힐 ヒル	⑪ スカート 치마 チマ
③ パーカー 후드티 フドゥティ	⑥ ワンピース 원피스 ウォンピス	⑨ シャツ 셔츠 ショチュ	⑫ ブーツ 부츠 ブチュ

コーデ	코디	コディ
(原形) 着る	입다	イプタ
(ヘヨ) 着ます	입어요	イボヨ
フォーマル	정장	チョンジャン
カジュアル	캐주얼	ケジュオル
女性服	여성복	ヨソンボク
男性服	남성복	ナムソンボク
制服	교복	キョボク
上着	겉옷	コドッ
ジャケット	재킷	ジェキッ
トレンチコート	바바리	ババリ
ダウン	패딩	ペディン
革ジャン	가죽 재킷	カジュク ジェキッ
ジャンパー	점퍼	ジョンポ
ジャージ	추리닝	チュリニン
トップス	상의	サンウィ
Tシャツ	티셔츠	ティショチュ
トレーナー	맨투맨	メントゥメン

動画

セーター	스웨터	スウェト
プルオーバー	풀오버	プロボ
ニット	니트	ニトゥ
タートルネック	목폴라	モクポルラ
ブラウス	블라우스	ブルラウス
カーディガン	카디건	カディゴン
ボトムス	하의	ハウィ
半ズボン	반바지	パンパジ
ジーンズ	청바지	チョンバジ
オーバーオール	멜빵바지	メルパンバジ
レギンス	레깅스	レギンス
ストッキング	스타킹	スタキン
タイツ	타이츠	タイチュ
靴	신발	シンバル
革靴	구두	クドゥ
（原形）履く	신다	シンタ
（〜ヨ）履きます	신어요	シノヨ
キャミソール	캐미솔	ケミソル

ブラジャー	브래지어	ブレジオ
パンツ	팬티	ペンティ
アクセサリー	액세서리	エクセソリ
ジュエリー	주얼리	ジュオルリ
ネックレス	목걸이	モッコリ
チョーカー	초커	チョコ
ピアス	피어싱	ピオシン
イヤリング	이어링	イオリン
腕時計	손목시계	ソンモクシゲ
指輪	반지	パンジ
眼鏡	안경	アンギョン
サングラス	선글라스	ソングルラス
手袋	장갑	チャンガプ
(原形) はめる	끼다	ッキダ
(ヘヨ) はめます	껴요	ッキョヨ
ベルト	벨트	ベルトゥ
(原形) しめる	매다	メダ
(ヘヨ) しめます	매요	メヨ

動画

帽子	모자	モジャ
原形 かぶる	쓰다	ッスダ
ヘヨ かぶります	써요	ッソヨ
マフラー	목도리	モクトリ
原形 巻く	두르다	トゥルダ
ヘヨ 巻きます	둘러요	トゥルロヨ
バッグ	백	ベク
長袖	긴소매	キンソメ
半袖	반소매	パンソメ
袖なし	민소매	ミンソメ
厚い	두껍다	トゥッコプタ
薄い	얇다	ヤルタ
原形 伸びる	늘어나다	ヌロナダ
ヘヨ 伸びます	늘어나요	ヌロナヨ
原形 縮む	줄다	チュルダ
ヘヨ 縮みます	줄어요	チュロヨ
模様	무늬	ムヌィ
チェック	체크	チェク

ドット	물방울	ムルパンウル
無地	무지	ムジ
素材	소재	ソジェ
生地	옷감	オッカム
裏地	안감	アンカム
着心地	착용감	チャギョンガム
楽だ	편하다	ピョナダ
キツキツだ	빡빡하다	ッパクパカダ
ぶかぶかだ	헐렁하다	ホルロンハダ
ピッタリだ	딱 맞다	ッタク マッタ
似合う	어울리다	オウルリダ
似合わない	안 어울리다	ア ノウルリダ
ダサい	촌티가 나다	チョンティガ ナダ
おしゃれだ（直訳は「服をよく着る」）	(옷을) 잘 입다	(オスル) チャル イプタ
おしゃれな人	멋쟁이	モッチェンイ
ブランド好きな人	명품족	ミョンプムジョク
センス	센스	センス
スタイル	몸매	モンメ

動画

美容① スキンケア

入れ替えフレーズ

???	が気になります

↓

???	이/가 신경 쓰여요

イ/ガ　シンギョン　ッスヨヨ

ニキビ
여드름 ヨドゥルム

ホクロ
점 チョム

ほうれい線
팔자주름 パルチャチュルム

目のクマ
다크서클 ダクッソクル

しわ
주름 チュルム

しみ
기미 キミ

美容	미용	ミヨン
スキンケア	스킨케어	スキンケオ
皮膚	피부	ピブ
スッピン	쌩얼／민낯	ッセンオル／ミンナッ
洗顔	세안	セアン
洗顔フォーム	클렌징 폼	クルレンジン　ポム
化粧水	토너	トノ
乳液	로션／에멀전	ロション／エモルジョン
美容液	에센스／세럼	エセンス／セロム
パック	팩	ペク
ボディーローション	바디로션	バディロション
オイル	오일	オイル
クリーム	크림	クリム
(原形) 塗る	바르다	パルダ
へヨ 塗ります	발라요	パルラヨ
保湿	보습	ポスプ
肌のキメ	피부결	ピブキョル
ハリ／弾力	탄력	タルリョク

動画

透明感	투명감	トゥミョンガム
ビタミン	비타민	ビタミン
配合	배합	ペハプ
防止	방지	パンジ
除去	제거	チェゴ
効果	효과	ヒョクァ
密着	밀착	ミルチャク
みずみずしい	촉촉하다	チョクチョカダ
べたつく	끈적거리다	ックンジョッコリダ
ピーリング	필링	ピルリン
スクラブ	스크럽	スクロプ
クレンジングオイル	클렌징 오일	クルレンジン　オイル
メイク落とし	메이크업 리무버	メイクオプ　リムボ
原形 (化粧を) 落とす	지우다	チウダ
ヘヨ (化粧を) 落とします	지워요	チウォヨ
原形 (肌が) 荒れる	뒤집어지다	ティジボジダ
ヘヨ (肌が) 荒れます	뒤집어져요	ティジボジョヨ
刺激	자극	チャグク

角質	각질	カクチル
皮脂	피지	ピジ
水分	수분	スブン
油分	유분	ユブン
乾燥肌	건성 피부	コンソン ピブ
脂性肌	지성 피부	チソン ピブ
敏感肌	민감성 피부	ミンガムソン ピブ
混合肌	복합성 피부	ポカプソン ピブ
普通肌	중성 피부	チュンソン ピブ
吹き出もの	뽀루지	ッピョルジ
アトピー	아토피	アトピ
赤み	붉은 기	プルグン キ
(鼻の) 黒ずみ	블랙헤드	ブルレケドゥ
おすすめ	추천	チュチョン
激しくおすすめ	강추	カンチュ
原形 愛用する	애용하다	エヨンハダ
～ヨ 愛用します	애용해요	エヨンヘヨ
おすすめしない	비추	ピチュ

動画

美容② メイクアップ

メイクアップ	메이크업	メイクオブ
ベース	베이스	ベイス
クッション	쿠션	クション
ファンデーション	파운데이션	パウンデイション
日焼け止め	선크림	ソンクリム
BB クリーム	비비크림	ビビクリム
コンシーラー	컨실러	コンシルロ
シェーディング	쉐딩	スェディン
陰影	음영	ウミョン
カバー力	커버력	コボリョク
マット	매트	メトゥ
ツヤ	윤기	ユンギ
トーンアップ	톤 업	ト ノブ
トーンダウン	톤 다운	トン ダウン
ナチュラル	내추럴	ネチュロル
薄い	연하다	ヨナダ

濃い	진하다	チナダ
アイブロウ	아이브로우	アイブロウ
ビューラー	뷰러	ビュロ
マスカラ	마스카라	マスカラ
ボリューム	볼륨	ボルリュム
アイシャドウ	아이섀도우	アイシェドウ
パレット	팔레트	パルレトゥ
涙袋	애교살	エギョサル
まぶた	눈꺼풀	ヌンコップル
二重	쌍꺼풀	ッサンコプル
一重	무쌍	ムッサン
三角ゾーン	삼각존	サムガクジョン
目頭	눈앞머리	ヌンアンモリ
目じり	눈꼬리	ヌンコリ
アイライン	아이라인	アイライン
アイライナー	아이라이너	アイライノ
原形 （ラインを）描く	그리다	クリダ
ヘヨ （ラインを）描きます	그려요	クリョヨ

動画

ハイライト	하이라이터	ハイライト
チーク	치크／볼터치	チク／ボルトチ
口紅	립스틱	リプスティク
リップグロス	립글로스	リプグルロス
ティント	틴트	ティントゥ
カラー	컬러	コルロ
塗り心地	발림성	パルリムソン
発色	발색	パルセク
色合い	색상	セクサン
グラデーション	그러데이션	グロデイション
ネイル	네일	ネイル
マニキュア	매니큐어	メニキュオ
髪型	헤어스타일	ヘオスタイル
分け目	가르마	カルマ
前髪	앞머리	アンモリ
ストレートアイロン	매직기	メジッキ
カーラー	헤어롤	ヘオロル
コテ	고데기	コデギ

動画

ストレートヘア	생머리	センモリ
パーマ	파마	パマ
前髪を下ろした髪型	덮머리	トンモリ
前髪を上げた髪型	깐머리	ッカンモリ
ロングヘア	긴머리	キンモリ
ショートヘア	단발머리	タンバルモリ
ヘアカラー	염색	ヨムセク
エクステンション	붙임머리	プチムモリ
原形 (髪を)切る	자르다	チャルダ
ヘヨ (髪を)切ります	잘라요	チャルラヨ
原形 (髪を)整える	다듬다	タドゥムタ
ヘヨ (髪を)整えます	다듬어요	タドゥモヨ
コンタクトレンズ	렌즈	レンズ
カラーコンタクトレンズ	컬러 렌즈	コルロ レンズ
原形 (レンズを)つける	끼다	ッキダ
ヘヨ (レンズを)つけます	껴요	ッキョヨ

| MEMO | |
| アイドルのコラボコスメ | 韓国では、アイドルとコラボしたコスメやスキンケア用品が多いもの。メンバーの顔写真がプリントされたアイテムが発売されたり、オリジナルグッズがおまけでついてきたりします。メイクをするときも気分があがりますよね。 |

旅行① パッキング・ホテル

入れ替えフレーズ

???	が必要です

⬇

???	이/가 필요해요

イ/ガ ピリョヘヨ

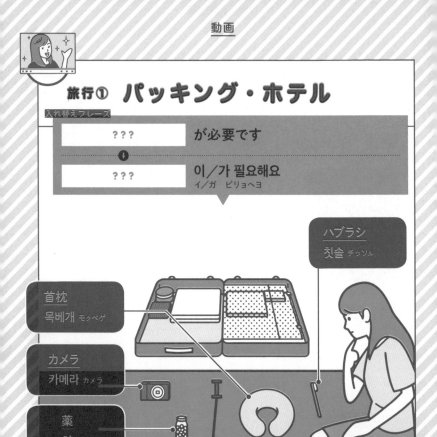

ハブラシ
칫솔 チッソル

首枕
목베개 モクペゲ

カメラ
카메라 カメラ

薬
약 ヤク

圧縮パック
압축팩 アプチュクペク

ポーチ
파우치 パウチ

自撮り棒
셀카봉 セルカボン

スマホ
스마트폰 スマトゥポン

財布
지갑 チガプ

旅行	여행	ヨヘン
キャリーケース	캐리어	ケリオ
容量	용량	ヨンニャン
チェック	체크	チェク
荷物	짐	チム
(原形) 荷物を詰める	짐을 싸다	チムル ッサダ
(ヘヨ) 荷物を詰めます	짐을 싸요	チムル ッサヨ
整頓	정돈	チョンドン
収納	수납	スナブ
ノートブック	노트북	ノトゥブク
ポケット Wi-Fi	포켓 와이파이	ポケッ ワイパイ
メモリーカード	메모리 카드	メモリ カドゥ
充電器	충전기	チュンジョンギ
補助バッテリー	보조배터리	ポジョベトリ
GoPro	고프로	ゴプロ
アダプタ	어댑터	オデプト
アイマスク	수면 안대	スミョン アンデ
歯磨き粉	치약	チヤク

動画

洗濯ネット	빨래망	ッパルレマン
ボディーソープ	바디워시	パディウォシ
香水	향수	ヒャンス
ハンドクリーム	핸드크림	ヘンドゥクリム
ナプキン	생리대	センニデ
常備薬	상비약	サンビヤク
外傷薬	외상약	ウェサンヤク
鎮痛剤	진통제	チントンジェ
風邪薬	감기약	カムギヤク
(原形) 取りそろえる	챙기다	チェンギダ
(ヘヨ) 取りそろえます	챙겨요	チェンギョヨ
ゲーム機	게임기	ゲイムギ
パジャマ	잠옷	チャモッ
下着	속옷	ソゴッ
タオル	수건	スゴン
部屋着	실내복	シルレボク
ホテル	호텔	ホテル
予約	예약	イェヤク

(原形) 泊まる	묵다	ムクタ
(ヘヨ) 泊まります	묵어요	ムゴヨ
チェックイン	체크인	チェクイン
チェックアウト	체크아웃	チェクアウッ
部屋番号	방번호	パンボノ
パスワード	비번 (비밀번호の略)	ピボン (ピミルボノ)
フロント	프런트	プロントゥ
ロビー	로비	ロビ
客室	객실	ケクシル
空室	빈방	ピンバン
満室	만실	マンシル
延泊	연박	ヨンバク
シングル	싱글	シングル
ツイン	트윈	トゥウィン
スイートルーム	스위트룸	スウィトゥルム
カードキー	카드 키	カドゥ キ
シャワールーム	샤워룸	ショウォルム
オンドル (床下暖房)	온돌	オンドル

動画

旅行② 交通

交通	교통	キョトン
空港	공항	コンハン
飛行機	비행기	ピヘンギ
国際線	국제선	ククチェソン
国内線	국내선	クンネソン
出発	출발	チュルバル
到着	도착	トチャク
航空券	항공권	ハンゴンクォン
チケット	티켓	ティケッ
発券	발권	パルクォン
スキャン	스캔	スケン
ターミナル	터미널	トミノル
ゲート	출국장	チュルグクチャン
手続き	수속	スソク
搭乗	탑승	タプスン
搭乗時間	탑승시간	タプスンシガン

搭乗口	탑승구	タプスング
手荷物カウンター	수화물카운터	スファムルカウント
持ち込み制限	반입제한	パニプチェハン
追加料金	추가요금	チュガヨグム
座席	좌석	チャソク
乗務員	승무원	スンムウォン
ビジネス	비즈니스	ピズニス
エコノミー	이코노미	イコノミ
往復	왕복	ワンボク
片道	편도	ピョンド
乗り換え	환승	ファンスン
パスポート	여권	ヨックォン
ゲート	게이트	ゲイトゥ
離陸／着陸	이륙／착륙	イリュク／チャンニュク
窓側	창측	チャンチュク
通路側	통로측	トンノチュク
棚	선반	ソンバン
シートベルト	안전벨트	アンジョンベルトゥ

動画

着用	착용	チャギョン
緊急	긴급	キングプ
遅延	지연	チヨン
欠航	결항	キョラン
日本人	일본인	イルボニン
韓国人	한국인	ハングギン
入国審査カード	입국심사카드	イブククシムサカドゥ
税関申告書	세관신고서	セグァンシンゴソ
ボールペン	볼펜	ボルペン
機内食	기내식	キネシク
ひざ掛け	담요	タムニョ
預け入れ荷物	위탁수하물	ウィタクスハムル
受け取りレーン	짐 찾는 곳	チム チャンヌン ゴッ
両替所	환전소	ファンジョンソ
レート	환율	ファニュル
手数料	수수료	ススリョ
駅	역	ヨク
路線	노선	ノソン

自由席	자유석	チャユソク
指定席	지정석	チジョンソク
チャージ	충전	チュンジョン
T-money カード	티머니카드	ティモニカドゥ
地下鉄	지하철	チハチョル
急行	급행	クペン
バス	버스	ポス
停留場	정류장	チョンニュジャン
タクシー	택시	テクシ
乗車場	승차장	スンチャジャン
販売機	발매기	パルメギ
案内	안내	アンネ
地図	지도	チド
現在位置	현재위치	ヒョンジェウィチ
(原形) 止める	세우다	セウダ
(ヘヨ) 止めます	세워요	セウォヨ

動画

MEMO

T-moneyカード
って何？

交通機関だけでなく、コンビニや自動販売機などでも使える韓国のプリペイドカードです。デザインも豊富で、キャラクターものやアイドルの写真のものもあります。自分の写真でオリジナルのカードも作れるんだとか。

旅行③　観光・観光地

観光	관광	クァングァン
観光地	관광지	クァングァンジ
観光客	관광객	クァングァンゲク
ツアー	투어	トゥオ
リゾート	리조트	リジョトゥ
世界遺産	세계 유산	セゲ　ユサン
名所	명소	ミョンソ
オンシーズン	성수기	ソンスギ
オフシーズン	비수기	ピスギ
日程	일정	イルチョン
行き先	행선지	ヘンソンジ
目的地	목적지	モクチョクチ
ガイド	가이드	ガイドゥ
ガイドブック	가이드 북	ガイドゥ　ブク
パンフレット	팸플릿	ペムプルリッ
案内	안내	アンネ

韓国	한국	ハングク
韓国旅行	한국 여행	ハングン　ニョヘン
京畿道	경기도	キョンギド
ソウル	서울	ソウル
インチョン市	인천시	インチョンシ
江原道	강원도	カンウォンド
ウォンジュ市	원주시	ウォンジュシ
忠清北道	충청북도	チュンチョンブクト
忠清南道	충청남도	チュンチョンナムド
テジョン市	대전시	テジョンシ
全羅北道	전라북도	チョルラブクト
チョンジュ市	전주시	チョンジュシ
全羅南道	전라남도	チョルラナムド
クァンジュ市	광주시	クァンジュシ
慶尚北道	경상북도	キョンサンブクト
テグ市	대구시	テグシ
慶尚南道	경상남도	キョンサンナムド
プサン市	부산시	プサンシ

動画

動画

済州道	제주도	チェジュド
ロッテワールド	롯데 월드	ロッテ ウォルドゥ
ソウルタワー	서울타워	ソウルタウォ
ソウルスカイ	서울스카이	ソウルスカイ
漢江	한강	ハンガン
ピョルマダン図書館	별마당도서관	ピョルマダンドソグァン
景福宮	경복궁	キョンボックン
昌徳宮	창덕궁	チャンドックン
甘川洞文化村	감천문화마을	カムチョンムヌァマウル
海雲台	해운대	ヘウンデ
鍾路タワー	종로타워	チョンノタウォ
プチフランス	쁘띠프랑스	ップッティプランス
大学路	대학로	テハンノ
イテウォン	이태원	イテウォン
弘大	홍대	ホンデ
東大門	동대문	トンデムン
ミョンドン	명동	ミョンドン
シンチョン	신촌	シンチョン

テレビ

ドラマ① ドラマ全般

韓国ドラマ	한국 드라마	ハングク　ドゥラマ
感動的なドラマ	감동적인 드라마	カムドンジョギン ドゥラマ
非現実的なドラマ	막장 드라마	マクチャン　ドゥラマ
内容	내용	ネヨン
作品	작품	チャクプム
子役	아역	アヨク
女優	여배우	ヨベウ
俳優	배우	ペウ
キャスティング	캐스팅	ケスティン
主題歌	주제곡	チュジェゴク
演技力	연기력	ヨンギリョク
演出	연출	ヨンチュル
吹き替え	더빙	ドビン
主人公	주인공	チュインゴン
監督	감독	カムドク
台本	대본	テボン

字幕	자막	チャマク
名場面	명장면	ミョンジャンミョン
セリフ	대사	テサ
主演	주연	チュヨン
名作	명작	ミョンジャク
シーズン1	시즌1	シジュンウォン
初回放送	첫방송	チョッパンソン
序盤	초반	チョバン
ストーリー	스토리	ストリ
(原形) 記憶に残る	기억에 남다	キオゲ ナムタ
(ヘヨ) 記憶に残ります	기억에 남아요	キオゲ ナマヨ
シーン	신	シン
ハッピーエンド	해피엔딩	ヘピエンディン
リメイク	리메이크	リメイク
結末	결말	キョルマル
最終回	최종회	チェジョンフェ

テレビ

MEMO
韓国ドラマ
あるある

「非現実的なドラマ」とは、現実ではありえないような事が起こるドラマを指します。ひと昔前まではこれがなくては高視聴率を取ることが難しいと言われていました。

ドラマ② ラブストーリー

ラブストーリー	러브스토리	ロブストリ
初恋	첫사랑	チョッサラン
片思い	짝사랑	ッチャクサラン
出会い	만남	マンナム
ナンパ	헌팅	ホンティン
原形 一目で惚れる	한눈에 반하다	ハンヌネ パナダ
ヘヨ 一目で惚れます	한눈에 반해요	ハンヌネ パネヨ
ドキドキ	두근두근	トゥグンドゥグン
ラブラブ	알콩달콩	アルコンダルコン
原形 ときめく	설레다	ソルレダ
ヘヨ ときめきます	설레요	ソルレヨ
すぐ恋に落ちる人	금사빠	クムサッパ
胸キュン	심쿵	シムクン
駆け引き	밀당	ミルタン
これから恋に発展しそうな状況	썸타다	ッソムタダ
彼氏	남자친구	ナムジャチング

彼女	여자친구	ヨジャチング
元カレ	전남자친구	チョンナムジャチング
元カノ	전여자친구	チョンヨジャチング
デート	데이트	デイトゥ
カップル	커플	コプル
ペアルック	커플룩	コプルルク
合コン	미팅	ミティン
婚活	결혼활동	キョロヌァルトン
理想の人	이상형	イサンヒョン
原形 告白する	고백하다	コベカダ
ヘヨ 告白します	고백해요	コベケヨ
原形 付き合う	사귀다	サグィダ
ヘヨ 付き合います	사귀어요	サグィオヨ
恋人が一度もいなかった人	모태솔로	モテソルロ
キス	키스	キス
ハグ	허그	ホグ
原形 腕を組む	팔짱을 끼다	パルチャンウル ッキダ
ヘヨ 腕を組みます	팔짱을 껴요	パルッチャンウル ッキョヨ

テレビ

原形 抱きしめる	껴안다	ッキョアンタ
~ヨ 抱きしめます	껴안아요	ッキョアナヨ
スキンシップ	스킨쉽	スキンシプ
遠距離恋愛	원거리연애	ウォンゴリヨネ
歳の差カップル	나이차 커플	ナイチャ　コプル
100日目	백 일째	ペギルチェ
記念日	기념일	キニョミル
妄想	망상	マンサン
二股	양다리	ヤンダリ
誘惑	유혹	ユホク
原形 振られる	차이다	チャイダ
~ヨ 振られます	차여요	チャヨヨ
別れ	이별	イビョル
原形 別れる	헤어지다	ヘオジダ
~ヨ 別れます	헤어져요	ヘオジョヨ
失恋	실연	シリョン
未練	미련	ミリョン
口喧嘩	말다툼	マルダトゥム

喧嘩	싸움	ッサウム
言い訳	변명	ピョンミョン
嘘	거짓말	コジンマル
原形 謝る	사과하다	サグァハダ
ヘヨ 謝ります	사과해요	サグァヘヨ
噂	소문	ソムン
証拠	증거	チュンゴ
浮気相手	바람상대	パラムサンデ
三角関係	삼각관계	サムガックァンゲ
原形 裏切る	배신하다	ペシナダ
ヘヨ 裏切ります	배신해요	ペシネヨ
ストーカー	스토커	ストコ
修羅場	아수라장	アスラジャン
嫉妬	질투	チルトゥ
執着	집착	チプチャク
原形 すねる	삐지다	ッピジダ
ヘヨ すねます	삐져요	ッピジョヨ
再会	재회	チェフェ

テレビ

ドラマ③　サスペンス

サスペンス	서스펜스	ソスペンス
ミステリー	미스테리	ミステリ
犯人	범인	ボミン
刑事	형사	ヒョンサ
警察	경찰	キョンチャル
事件	사건	サッコン
殺人	살인	サリン
推理	추리	チュリ
真実	진실	チンシル
発見	발견	パルギョン
逮捕	체포	チェポ
有罪	유죄	ユジュェ
無罪	무죄	ムジュェ
(原形) 言い逃れをする	발뺌하다	パルペマダ
(ヘヨ) 言い逃れします	발뺌해요	パルペメヨ
ウソつき	거짓말쟁이	コジンマルジェンイ

証拠隠滅	증거은멸	チュンゴウンミョル
被害者	피해자	ピヘジャ
加害者	가해자	カヘジャ
お金持ち	부자	プジャ
スパイ	스파이	スパイ
ヤクザ	깡패	ッカンペ
恐怖	공포	コンポ
スリル	스릴	スリル
(原形) 憎い	밉다	ミプタ
(ヘヨ) 憎いです	미워요	ミウォヨ
(原形) 恨む	원망하다	ウォンマンハダ
(ヘヨ) 恨みます	원망해요	ウォンマンヘヨ
(原形) 油断する	방심하다	パンシマダ
(ヘヨ) 油断しました	방심했어요	パンシメッソヨ
(原形) 鳥肌がたつ	소름 돋다	ソルム トッタ
(ヘヨ) 鳥肌がたちました	소름 돋았어요	ソルム トダッソヨ
(原形) 衝撃をうける	충격 먹다	チュンギョク モクタ
(ヘヨ) 衝撃をうけました	충격 먹었어요	チュンギョク モゴッソヨ

テレビ

バラエティー番組① ミニゲーム

ヤジャタイム
（年下の人が年上にタメロできる）

야자타임 ヤジャタイム

二倍速ダンス （二倍速で踊る）

2배속댄스 イベソクデンス

ミニゲーム

미니게임
ミニゲイム

入れ替えフレーズ

| ??? | をやります！ |

⬇

| ??? | 을/를 하겠습니다！
ウル／ルル　ハゲッスムニダ！ |

ゾンビゲーム
（鬼が目隠しして追いかける）

좀비게임　ジョムビゲイム

イヤホンガンガンゲーム
（イヤホンをしたまま伝言ゲーム）

고요 속의 외침　コヨ　ソゲ　ウェチム

ランダムプレイダンス（ランダムに流れる曲に合わせて踊る）	랜덤플레이댄스	レンドムプルレイデンス
マフィアゲーム（人狼）	마피아게임	マピアゲイム
クレオパトラゲーム（声を高くしていくゲーム）	클레오파트라게임	クルレオパトゥラゲイム
カバーダンス	커버댄스	コボデンス
一心同体ゲーム	일심동체게임	イルシムドンチェゲイム
ジェスチャーゲーム	몸으로 말해요	モムロ　マレヨ
007 バンゲーム（ひとつの言葉をみんなで区切って言っていく）	007 빵	コンゴンチルッパン
チェギチャギ（伝統的な遊び）	제기차기	チェギチャギ
腕相撲	팔씨름	パルシルム
（韓国式）相撲	씨름	ッシルム
ジャンケンポン	가위바위보	カウィバウィボ
得意技	특기	トゥッキ
コーナー	코너	コノ
ミッション	미션	ミション
チーム	팀	ティム
勝負	승부	スンブ
対決	대결	テギョル
1 位	1 위	イルィ

ビリ	꼴찌/꼴등	ッコルチ/コルトゥン
罰ゲーム	벌칙	ポルチク
脱落	탈락	タルラク
ヒント	힌트	ヒントゥ
タイム	타임	タイム
パス	패스	ペス
正解	정답	チョンダプ
不正解	오답	オダプ
成功	성공	ソンゴン
失敗	실패	シルペ
勝利	승리	スンニ
敗北	패배	ペベ
〜点	〜점	チョム
接戦	접전	チョプチョン
相性	케미	ケミ
相性がいい	찰떡이다	チャルトギダ
相棒	짝꿍	ッチャックン
仲良し	단짝	タンチャク

テレビ

バラエティー番組② テロップの言葉

自信満々	자신만만	チャシンマンマン
興味深々	흥미진진	フンミジンジン
爆発	뿜뿜	ップムプム
期待	기대	キデ
満足	뿌듯뿌듯	ップドゥップドゥッ
感嘆	감탄	カムタン
大事件／ビッグニュース	대박사건	テバクサッコン
現実否定	현실부정	ヒョンシルプジョン
放送事故	방송사고	パンソンサゴ
空気が悪くなる（直訳は壊滅状態）	초토화	チョトファ
雰囲気がシラける	갑분싸	カップンサ
気が抜ける	허탈	ホタル
メンタル崩壊	멘붕	メンブン
醒めて現実に引き戻される	현타	ヒョンタ
視線を奪う	시선강탈	シソンカンタル
ジーっと見つめる（直訳は穴が開くほど見る）	뚫어지게 보다	ットゥロジゲ　ポダ

はにかむ	부끄부끄	プックブック
びっくり仰天	어리둥절	オリドゥンジョル
ソワソワ	안절부절	アンジョルブジョル
戸惑い	얼떨떨	オルトルトル
何とまあ	세상에	セサンエ
認定	인정	インジョン
さすが	과연	クァヨン
ハンパない	쩔어	ッチョロ
人気者 (インサイダーの略)	인싸	インサ
馴染めていない人 (アウトサイダーの略)	아싸	アッサ
ばっと	벌떡	ポルトゥ
ジーっと	빤히	ッパニ
いっぱい	가득	カドゥゥ
がっしゃーん！	와장창	ワジャンチャン

テレビ

MEMO

韓国バラエティーの特徴

番組内である言葉が流行ると、他の番組でも使用するのが韓国バラエティーのおもしろいところ。このページでは、近年よく使われた流行語も紹介しています。また、テロップが多用されるのも特徴的。まずは短い単語から分かるようになると楽しいですよ。

バラエティー番組③ リアクション

リアクション	리액션	リエクション
やったー	앗싸	アッサ
ぶぅー	땡	ッテン
正気なの?	미쳤어?	ミッチョッソ
マジですごい	대박이다	テバギダ
どうか、頼む	제발	チェバル
素晴らしい	기가 막히다	キガ マキダ
本当笑える	진짜 웃기다	チンチャ ウッキダ
楽しい	신난다	シンナンダ
爆笑した	빵터졌어	ッパントジョッソ
楽しみだ	기대되다	キデトゥエダ
ありえない	말도 안 되다	マルド アン ドゥエダ
ムカつく	짜증나다	ッチャジュンナダ
やりすぎ	오버	オバ
(驚いて)えっ!?	헐	ホル
まさか	설마	ソルマ

※このページでは話し言葉の単語も採用しています。

SNS

チャット

チャット	채팅	チェティン
略語	줄임말	チュリンマル
へへ	헤헷	ヘヘッ
フフフ	ㅎㅎㅎ	フフフ
笑い	ㅋㅋㅋ	ククックッ
泣泣	ㅠㅠㅠ	ユユユ
ありがとう	ㄱㅅ (감사の略)	カムサ
おめでとう	ㅊㅋ (축하の略)	チュカ
OK	ㅇㅋ (오케이の略)	オケイ
ノーノー	ㄴㄴ (노노の略)	ノノ
ごめん	ㅈㅅ (죄송の略)	チェソン
バイバイ	ㅂㅂ (바이바이の略)	バイバイ
どこ?	ㅇㄷ (어디の略)	オディ
うんうん	ㅇㅇ (응응の略)	ウンウン
お疲れ様	ㅅㄱ (수고の略)	スゴ
愛してるよ	ㅅㄹㅎㅇ (사랑해요の略)	サランヘヨ

大丈夫	ㄱㅊ (괜찮아の略)	クェンチャナ
行こう	ㄱㅈ (가자の略)	カジャ
ケースバイケース	케바케	ケバケ
激しくおすすめ	강추	カンチュ
なんでこんなに	왤케 (왜 이렇게の略)	ウェルケ (ウェ イロッケ)
とにかく	암튼 (아무튼の略)	アムトゥン (アムトゥン)
いちばん	젤 (제일の略)	チェル (チェイル)
～のせいで	～땜에 (때문에の略)	ッテメ (ッテムネ)
すごく	넘 (너무の略)	ノム (ノム)
久しぶりに	간만에	カンマネ
ただ単に	걍	キャン
カカオ	카카오	カカオ
ライン	라인	ライン
プロフィール写真	프사 (프로필 사진の略)	プサ (プロピル サジン)
一言メッセージ	상메 (상태 메시지の略)	サンメ (サンテ メシジ)
アイコン	이모티콘	イモティコン
個人トーク	개인톡	ケイントゥ
団体トーク	단체톡	タンチェトゥ

SNS

インターネット・スマホ

インターネット	인터넷	イントネッ
ホームページ	홈페이지	ホムペイジ
公式オンライン	공식 온라인	コンシク オルライン
サイト	사이트	サイトゥ
掲示板	게시판	ケシパン
コンテンツ	콘텐츠	コンテンチュ
ログイン	로그인	ログイン
ログアウト	로그아웃	ログアウッ
ネイバー	네이버	ネイボ
ブログ	블로그	ブルログ
リアルタイム	실시간	シルシガン
検索	검색	コムセク
検索語	검색어	コムセゴ
ホットトレンド	핫 트렌드	ハッ トゥレンドゥ
流行語	유행어	ユヘンオ
急上昇	떡상	ットゥサン

クチコミ	후기	フギ
お気に入り	즐겨찾기	チュルギョチャッキ
共有	공유	コンユ
保存	저장	チョジャン
削除	삭제	サクチェ
リンク	링크	リンク
メールアドレス	메일 주소	メイル ジュソ
コメント	댓글	テックル
悪コメ	악플	アクプル
打ち間違い	오타	オタ
自動翻訳	자동번역	チャドンボニョク
ネットカフェ	피시방	ピシバン
ストリーミング	스밍	スミン
スマートフォン	스마트폰	スマトゥポン
iPhone	아이폰	アイポン
アプリ	앱	エブ
ダウンロード	다운로드	ダウンロドゥ
インストール	인스톨	インストル

SNS

SNS	에스엔에스	エスエネス
ティックトック	틱톡	ティクトク
インスタグラム	인스타그램	インスタグレム
インスタストーリー	인스타 스토리	インスタ　ストリ
ツイッター	트위터	トゥウィト
ツイート	트윗	トゥウィッ
アカウント	계정	ケジョン
本アカウント	본계 (본계정の略)	ポンゲ (ポンゲジョン)
裏アカウント	뒷계 (뒷계정の略)	トゥイッケ (トゥイッケジョン)
鍵アカウント	플텍계 (프로텍트계정の略)	プルテッケ (プロテクトゥケジョン)
タイムライン	탐라 (타임라인の略)	タムナ (タイムライン)
リプライ	답글	タプクル
メンション	멘션	メンション
DM	쪽지／디엠	ッチョクチ／ディエム
いいね	좋아요	チョアヨ
固定ツイート	메트 (메인 트윗の略)	メトゥ (メイントゥウィッ)

フォロー	팔로우	パルロウ
フォロワー	팔로워	パルロウォ
フォローすること	팔로잉	パルロイン
先にフォローすること	선팔 (선팔로우の略)	ソンパル (ソンパルロウ)
相互フォロー	맞팔 (맞팔로우の略)	マッパル (マッパルロウ)
無言フォロー	무멘팔 (무멘션 팔로우の略)	ムメンパル (ムメンション パルロウ)
フォローを外すこと	언팔로우	オンパルロウ
ブロック	차단	チャダン
リツイート	리트윗／알티	リトゥウィッ／アルティ
引用リツイート	인알 (인용알티の略)	インアル (イニョンアルティ)
アカウントを削除すること	계폭 (계정 폭파の略)	ケポック (ケジョンポクパ)
リアルタイムのトレンド	실트 (실시간 트렌드の略)	シルトゥ (シルシガン トゥレンドゥ)
別アカウントに移動すること	계이 (계정 이동の略)	ケイ (ケジョン イドン)
ブロック解除すること	블언블 (블락 언블락の略)	ブロンブル (ブルラク オンブルラク)

MEMO

SNS独特の表現

アカウントを削除すること (계폭) やブロック解除すること (블언블) などの行動は韓国語では略語1語で表せます。また、韓国独特の表現として「(写真を) 楽しんで見ました (잘 보고 가요)」があります。素敵な画像をあげているアカウントに話しかけるイメージです。

S
N
S

ユーザー	사용자	サヨンジャ
拡散	확산	ファクサン
設定	설정	ソルチョン
編集	편집	ピョンジブ
追加	추가	チュガ
リスト	리스트	リストゥ
タグ	태그	テグ
（原形） タグ付けする	태그 붙이다	テグ プチダ
（ヘヨ） タグ付けします	태그 붙여요	テグ プチョヨ
ツイッターのプロフィール写真	인장	インジャン
ヘッダーの写真	헤더	ヘド
エゴサーチ	에고서핑	エゴソピン
自撮り	셀카	セルカ
目撃ショット	목격짤	モッキョクチャル
画像	사진	サジン
画像を拾うこと	짤줍 (짤방 줍다の略)	ッチャルチュブ (ッチャルバン チュブタ)
スクリーンショット	스샷	スシャッ
高画質	고화질	コファジル

まとめ	모음	モウム
GIF 画像	움짤 (움직이는 짤방의 略)	ウムチャル (ウムジギヌン ッチャルバン)
写真補正	사진 보정	サジン ボジョン
雑誌用に撮られた写真	화보	ファボ
合成	합성	ハプソン
通知／アラーム	알림／알람	アルリム／アルラム
ネタ (人の関心を集めるためのコンテンツ)	떡밥	ットクパプ
供給	공급	コングプ
アンチ	안티	アンティ
スパム	스팸	スペム
親しくなること	친해지기	チネジギ
ファンとファンがつながること	트친소 (트위터 친구 소개의 略)	トゥチンソ (トゥウィト チング ソゲ)
やり取りせずフォローしたりリツイートすること	구독	クドゥ
検索されないように文字を崩すこと	써방 (서치방지의 略)	ッソバン (ソチバンジ)

S
N
S

MEMO

**韓国語の
ハッシュタグで
つながる!**

韓国人のインスタ友達 (인친)、ツイッター友達 (트친) を作りたいときは、「# (なにかのジャンル) _트친소」というタグをつけると同じ趣味の人とつながりやすくなります。「트친소」はトゥイッター 친구 소개 (ツイッター友達紹介) の略語です。

ハッシュタグで使える言葉

ハッシュタグ	해시태그	ヘシテグ
歓迎	환영	ファニョン
いいね返し	좋반 (좋아요 반사の略)	チョッパン
いいね歓迎	좋아요환영	チョアヨファニョン
いいねぎゅっと	좋아요꾹	チョアヨックク
フォロー返し	팔로우반사	パルロウパンサ
フォロー歓迎	팔로우환영	パルロウファニョン
コミュニケーション	소통	ソトン
コミュニケーション歓迎	소통환영	ソトンファニョン
～年生まれ	~년생	ニョンセン
親しくなろう	친해져요	チネジョヨ
友達になりましょう	친구해요	チングヘヨ
相互フォローしましょう	맞팔해요	マッパレヨ
先にフォローしてくれたらフォロバ	선팔하면 맞팔	ソンパラミョン　マッパル
フォローミー	팔로우미	パルロウミ
先にフォロー歓迎	선팔환영	ソンパルファニョン

勉強の跡	공부흔적	コンブフンジョク
スタディープランナー	스터디플래너	ストディプルレノ
勉強記録	공부인증	コンブインジュン
勉強×インスタグラム	공부스타그램	コンブスタグレム
今日のコーデ	오오티디	オオティディ
今日の雰囲気美人	오늘의훈녀	オヌレフンニョ
今日は何着ようかな	오늘뭐입지	オヌルムオイプチ
ファッション×インスタグラム	패션스타그램	ペションスタグレム
ヘア×スタイル	머리스타일	モリスタイル
おすすめのカフェ	카페추천	カペチュチョン
食べる×インスタグラム	먹스타그램	モクスタグレム
食べ物×インスタグラム	푸드스타그램	プドゥスタグレム
自撮り×インスタグラム	셀스타그램	セルスタグレム
日常×インスタグラム	일상스타그램	イルサンスタグレム
友達×インスタグラム	친스타그램	チンスタグレム
(写真を)楽しんで見ました	잘보고가요	チャルポゴカヨ

S N S

MEMO

インスタで勉強投稿

「スタディープランナー」とは、勉強時間や内容をメモして学習計画が立てられるノートのこと。「勉強の跡」などのタグをつけてこのスタディープランナーの写真をアップしても◎。

ファンクラブHP

公式	공식	コンシク
ファンクラブ	팬클럽	ペンクルロプ
開設	개설	ケソル
フォーム	폼	ポム
募集	모집	モジプ
申し込み	신청	シンチョン
対象	대상	テサン
加入	가입	カイプ
登録	등록	トゥンノク
活動	활동	ファルトン
スケジュール	스케줄	スケジュル
期間	기간	キガン
指定日	지정일	チジョンイル
オープン日	오픈일	オプニル
終了	종료	チョンニョ
締め切り	마감	マガム

加入費	가입비	カイッピ
会費	회비	フェビ
入金	입금	イプクム
方法	방법	パンボプ
手数料	수수료	ススリョ
含む	포함	ポハム
別途	별도	ピョルト
身分証	신분증	シンブンチュン
外国人	외국인	ウェグギン
住所	주소	チュソ
国内発送	국내배송	クンネペソン
海外発送	해외배송	ヘウェペソン
住民登録番号	주민등록번호	チュミントゥンノクポノ
連絡先	연락처	ヨルラクチョ
ファンクラブキット	팬클럽키트	ペンクルロプキトゥ
配送費	배송비	ペソンビ
海外送金	해외송금	ヘウェソングム
一括発送	일괄배송	イルグァルペソン

SNS

会員番号	회원번호	ヘウォンボノ
カード	카드	カドゥ
発給	발급	パルグプ
会員コード	회원코드	ヘウォンコドゥ
ID	아이디	アイディ
名前	이름	イルム
性別	성별	ソンビョル
歳	나이	ナイ
生年月日	생년월일	センニョンウォリル
英文名	영문명	ヨンムンミョン
分かち書き	띄어쓰기	ッティオッスギ
～桁	～자리	チャリ
ランク	등급	トゥングプ
ランクアップ申請	등업신청	トゥンオプシンチョン
ポラロイド	폴라로이드	ポルラロイドゥ
直筆	친필	チンピル
サイン	사인	サイン
該当	해당	ヘダン

専用	전용	チョニョン
閲覧	열람	ヨルラム
掲載	게재	ケジェ
お知らせ	공지	コンジ
詳しい内容	자세한 사항	チャセハン　サハン
内訳	내역	ネヨク
予定	예정	イェジョン
制限	제한	チェハン
関連	관련	クァルリョン
必須	필수	ピルス
合意	합의	ハビ
破棄	파기	パギ
完了	완료	ワルリョ
確認	확인	ファギン
修正	수정	スジョン
入力	입력	イムニョク
付加情報	부가정보	プガジョンボ
問い合わせ	문의	ムヌィ

S
N
S

有料	유료	ユリョ
特典	혜택	ヘテク
優先	우선	ウソン
限定	한정	ハンジョン
公開放送	공개방송	コンゲパンソン
各種イベント	각종행사	カクチョンヘンサ
オンライン	온라인	オルライン
オフライン	오프라인	オプライン
イベント	이벤트	イベントゥ
スペシャル	스페셜	スペショル
先着順	선착순	ソンチャクスン
保管	보관	ポグァン
個人情報	개인정보	ケインジョンボ
本人確認	본인 확인	ポニン ファギン
本人名義	본인 명의	ポニン ミョンイ
同一	동일	トンイル
確認された方	확인되는 분	ファギンドゥェヌン ブン
可能な方	가능하신 분	カヌンハシン ブン

K-POP

歌詞でよく使われるフレーズ

君を手に入れたい	널 갖고 싶어	ノル　カッコ　シポ
君なしで生きてけない	너 없이 살 수 없어	ノ　オプシ　サルス　オプソ
君だけいればいい	너만 있으면 돼	ノマン　イッスミョン　ドゥエ
君を知りたい	널 알고 싶어	ノル　アルゴ　シポ
君が必要	니가 필요해	ニガ　ピリョヘ
君だけだ	너 뿐이야	ノ　ップニヤ
ただ好きだ	그냥 좋아해	クニャン　チョアヘ
君しか見えない	너만 보여	ノマン　ポヨ
ただ君だけ	오직 너만	オジク　ノマン
君がほしい	너를 원해	ノルル　ウォネ
君だけの男	너만의 남자	ノマネ　ナムジャ
僕の懐に来て	내 품에 와	ネ　プメ　ワ
僕の側にいて	내 곁에 있어	ネ　ギョテ　イッソ
僕を包んで	날 감싸줘	ナル　カムサジュオ
ためらわないで	망설이지마	マンソリジマ
手をギュッと握って	손을 꽉 잡아	ソヌル　ックアク　チャバ

信じてみて	믿어 봐	ミド　ボァ
戻ってきて	돌아와 줘	トラワ　ジュォ
待ってるよ	기다릴게	キダリルケ
近づくよ	다가갈게	タガガルケ
告白するよ	고백할거야	コベカルコヤ
抱きしめてあげる	안아줄게	アナジュルケ
守ってあげる	지켜줄게	チキョジュルケ
照らしてあげる	비춰줄게	ピチュォジュルケ
何度も目がいく	자꾸 눈이 가	チャック　ヌニ　カ
しきりに気に触る	자꾸 거슬려	チャック　コスルリョ
夢のようだ	꿈만 같아	ックンマン　ガタ
花道だけ歩こう	꽃길만 걷자	ッコッキルマン　コッチャ
鼻歌が出るね	콧노래 나오네	コンノレ　ナオネ
私のそばに	내 곁에	ネ　ギョテ
一緒にいたい	같이 있고 싶어	カチ　イッコ　シポ
二人で	둘이서	トゥリソ
君と僕	너와 나	ノワ　ナ
君が一番きれい	니가 제일 이뻐	ニガ　チェイル　イッポ

K-POP

時間を巻き戻したい	시간을 되돌리고 싶다	シガヌル トゥェドルリゴ シプタ
時間を止めて	시간을 멈춰줘	シガヌル モムチュオジュォ
永遠に	영원히	ヨンウォニ
いつでも	언제나	オンジェナ
何度でも	몇 번이나	ミョッ ポニナ
君と一緒に	너와 함께	ノワ ハムケ
一日中	하루 종일	ハル チョンイル
いつの間にか	어느새	オヌセ
見れば見るほど	보면 볼수록	ポミョン ポルスロク
もう一度会いたい	다시 보고 싶다	タシ ポゴ シプタ
目を閉じれば	눈을 감으면	ヌヌル カムミョン
ようやく分かった	이제야 알았어	イジェヤ アラッソ
誰がなんと言っても	누가 뭐라 해도	ヌガ ムォラ ヘド
どこに行っても	어딜 가도	オディル カド
涙	눈물	ヌンムル
心	마음	マウム
ふざけてない	장난 아니야	チャンナン アニヤ
本心だ	진심이야	チンシミヤ

切実だ	간절하다	カンジョラダ
おかしくなった	미쳤어	ミチョッソ
君が憎い	니가 미워	ニガ　ミウォ
君のせいで	너 때문에	ノ　ッテムネ
胸が痛い	맘이 아파	マミ　アパ
君のため	너를 위해	ノルル　ウィヘ
心臓が破裂しそう	심장이 터질 것 같다	シムジャンイ　トジル　コッ　カッタ
狂いそう	미칠 것 같다	ミチル　コッ　カッタ
君が忘れられない	널 못 잊어	ノル　モン　ニジョ
苦しむな	아프지 마	アプジ　マ
行くな	가지 마	カジ　マ
心配するな	걱정 마	コクチョン　マ
からかうな	놀리지 마	ノルリジ　マ
勘違いしないで	착각 마라	チャッカク　マラ
もうやめて	이제 그만	イジェ　クマン
わがままかな	이기적인가	イギジョギンガ
勇気がない	용기가 없어	ヨンギガ　オプソ
迷っている	헤매고 있어	ヘメゴ　イッソ

K-POP

コンサート① コンサート全般

コンサート	콘서트	コンソトゥ
野外コンサート	야외 콘서트	ヤウェ　コンソトゥ
Kコン（K-POPコンサートの略）	케이콘	ケイコン
ライブ	라이브	ライブ
アジアツアー	아시아 투어	アシア　トゥオ
日本ツアー	일본 투어	イルボン　トゥオ
ソロ	솔로	ソルロ
単独	단독	タンドゥ
公演	공연	コンヨン
ショーケース	쇼케이스	ショケイス
チケットを買う	티켓팅	ティケッティン
日程	일정	イルチョン
日時	일시	イルシ
2日間	이틀동안	イトゥルトンアン
3日間	사흘동안	サフルトンアン
場所	장소	チャンソ

公演チケット	공연 티켓	コンヨン　ティケッ
プレミアムチケット	프리미엄 티켓	プリミオム　ティケッ
当日券	당일표	タンイルピョ
前売り券	예매권	イェメックォン
整理券	대기표	テギピョ
全席	전석	チョンソク
観覧年齢	관람연령	クァルラムヨルリョン
満〜	만〜	マン
以上／未満	이상／미만	イサン／ミマン
主催	주최	チュチュェ
先行販売	선예매	ソンニェメ
一般販売	일반예매	イルバンニェメ
出席チェック	출석체크	チュルソクチェク
ファン認証	팬인증	ペニンジュン
身分証	신분증	シンブンチュン
本人	본인	ポニン
保護者	보호자	ポホジャ
案内	안내	アンネ

K-POP

入場	입장	イプチャン
退場	퇴장	トゥェジャン
ステージ	무대	ムデ
席	자리	チャリ
アリーナ席	아레나석	アレナソク
1階席	일층석	イルチュンソク
2階席	이층석	イチュンソク
立ち見	입석	イプソク
入場制限	입장제한	イプチャンチェハン
双眼鏡	쌍안경	ッサンアンギョン
スクリーン	스크린	スクリン
リハーサル	리허설	リホソル
パフォーマンス	퍼포먼스	ポポモンス
ファンサービス	팬 서비스	ペン ソビス
追加公演	추가 공연	チュガ コンヨン
セットリスト	세트리스트	セトゥリストゥ
応援方法	응원법	ウンウォンボプ
合唱	떼창	ッテチャン

歓声	환호	ファノ
ハイタッチ	하이파이브	ハイパイブ
アンコール	앵콜	エンコル
MC	엠시	エムシ
コメント	멘트	メントゥ
ゲスト	게스트	ゲストゥ
準備はいいですか？	준비됐어요？	チュンビドゥウェッソヨ
叫べ！	소리 질러！	ソリ　チルロ
跳べ！	뛰어！	ティオ
みんな一緒に！	다 같이！	タ　ガチ
歌いましょう！	노래합시다！	ノレハプシダ
もう1回！	다시 한번！	タシ　ハンボン
みなさん どうでしたか？	여러분 어땠어요？	ヨロブン　オッテッソヨ
幸せな時間でした	행복한 시간이었습니다	ヘンボカン　シガニオッスムニダ

K-POP

MEMO

米花環〜花より米〜

コンサート会場などで米花環（쌀 화환）と呼ばれる、お米と花がセットになっている花輪が飾られていることがあります。これはファンがアイドルに贈ったもので、申し込まれた分のお米は、そのアイドルの名前で恵まれない人たちにプレゼントされるのです。

コンサート②　グッズ

入れ替えフレーズ

| ??? | を買いました！ |
| ??? | 을/를 샀어요！
ウル/ルル サッソヨ |

ミニフラッグ
미니족자 ミニチョクチャ

スローガン
슬로건 スルロゴン

ペンライト
펜라이트/응원봉
ペンライトゥ/ウンウォンボン

アクリルスタンド
아크릴스탠드
アクリルステンドゥ

ランダムフォト
랜덤포카 レンドムポカ

バッジ
뱃지 ベッジ

ボイスキーホルダー
보이스키홀더 ボイスキホルド

グッズ
굿즈
グッズ

公式グッズ	공식 굿즈	コンシク　グッズ
フード付きブランケット	후드 담요	フドゥ　タムニョ
スマホリング	아이링	アイリン
ポスター	포스터	ポスト
フォトカード	포토카드	ポトカドゥ
タオル	타월	タウォル
フォンケース	폰케이스	ポンケイス
ステッカー	스티커	スティコ
キーリング	키링	キリン
ブレスレット	팔찌	パルチ
現地販売	현장 판매	ヒョンジャン　パンメ
限定販売	한정 판매	ハンジョン　パンメ
列	줄	チュル
受け取り	수령	スリョン
交換	교환	キョファン
売り切れ	매진	メジン
完売	완판	ワンパン
ポップアップストア	팝업 스토어	パボブ　ストオ

コンサート③ トラブル

延期	연기	ヨンギ
中止	중지	チュンジ
転売チケット	암표	アムピョ
予約取り消し	예매 취소	イェメ チュィソ
払い戻し	환불	ファンブル
不可	불가	プルガ
変更不可	변경 불가	ピョンギョン プルガ
日程変更	일정 변경	イルチョン ピョンギョン
騒動	논란	ノルラン
デモ	시위	シウィ
撮影禁止	촬영금지	チャリョンクムジ
不正	부정	プジョン
疑惑	의혹	ウィホク
活動中止	활동 중지	ファルトン チュンジ
脱退	탈퇴	タルトゥェ
グループ脱退	그룹 탈퇴	グルプ タルトゥェ

引退	은퇴	ウントゥェ
解散	해체	ヘチェ
身体接触	신체적 접촉	シンチェジョク チョプチョク
マナー	매너	メノ
盗撮	도촬	トチャル
犯罪	범죄	ポムジュェ
ストレス	스트레스	ストゥレス
熱愛報道	열애설	ヨレソル
スキャンダル	스캔들	スケンドゥル
うわさ	소문／루머	ソムン／ルモ
スランプ	슬럼프	スルロムプ
ストーカー	스토커	ストコ
サセンファン（過激なファン）	사생팬	サセンペン
法的措置	법적 조치	ポプチョク チョチ
アーティスト保護	아티스트 보호	アティストゥ ポホ
プライバシーの侵害	사생활 침해	サセンファル チメ
ブラックリスト	블랙리스트	ブルレクリストゥ
スパムメッセージ	스팸 메시지	スペム メシジ

K-POP

K-POP全般

歌	노래	ノレ
歌手	가수	カス
振り付け	안무	アンム
ダンス	댄스	デンス
タイトル	타이틀	タイトゥル
作詞	작사	チャクサ
作曲	작곡	チャッコク
メインボーカル	메인보컬	メインボコル
メインラッパー	메인래퍼	メインレポ
サブボーカル	서브보컬	ソブボコル
リードボーカル	리드보컬	リドゥボコル
メインダンサー	메인댄서	メインデンソ
バックダンサー	백댄서	ベクデンソ
ガールズグループ	걸그룹	ゴルグルプ
ボーイズグループ	보이그룹	ボイグルプ
ユニットグループ	유닛그룹	ユニッグルプ

新曲	신곡	シンゴク
カムバック	컴백	コムベク
アルバム	앨범	エルボム
リパッケージアルバム	리패키지 앨범	リペキジ　エルボム
タイトル曲	타이틀곡	タイトゥルゴク
コンセプト	콘셉트	コンセプトゥ
ティーザー	티저	ティジョ
収録曲	수록곡	スロッコク
iTunes	아이튠즈	アイトゥンズ
デジタルソング	디지털 송	ディジトル　ソン
セールスチャート	세일즈 차트	セイルズ　チャトゥ
トップチャート	톱 차트	トプ　チャトゥ
ミュージックチャート	뮤직 차트	ミュジク　チャトゥ
ビルボード	빌보드	ビルボドゥ
全世界	전 세계	チョン　セゲ
グローバル	글로벌	グルロボル
海外	해외	ヘウェ
地域	지역	チヨク

歌番組	가요프로그램	カヨプログレム
授賞式	시상식	シサンシク
今年の歌手	올해의 가수	オレエ　カス
新人賞	신인상	シニンサン
スター	스타	スタ
連続	연속	ヨンソク
占める	차지하다	チャジハダ
記録突破	기록 돌파	キロク　トルパ
初めて〜	최초로〜	チュェチョロ
週間	주간	チュガン
〜位	〜위	ウィ
〜冠	〜관	クァン
ヒット	히트	ヒトゥ
ランキングを駆け上がること（直訳は逆走）	역주행	ヨクチュヘン
歴代級	역대급	ヨクテグプ
パフォーマンスビデオ	퍼포먼스 비디오	ポポモンス　ビディオ
ミュージックビデオ	뮤직비디오	ミュジクビディオ
サムネイル	썸네일	ッソムネイル

公開放送	공방 (公開放送の略)	コンバン (コンゲバンソン)
音楽放送	음방 (音楽放送の略)	ウンバン (ウマクバンソン)
生放送	생방송	センバンソン
ビハインド (舞台裏)	비하인드	ビハインドゥ
未公開	미공개	ミゴンゲ
先行公開	선행공개	ソネンゴンゲ
ジャケット撮影	재킷 촬영	ジェキッ　チャリョン
撮影現場	촬영현장	チャリョンヒョンジャン
映像	영상	ヨンサン
編集	편집	ピョンジプ
撮影	촬영	チュャリョン
音源	음원	ウムォン
レコーディング	리코딩	リコディン
事前収録	사녹 (事前録画の略)	サノク (サジョンノクァ)
ファンカム (直訳は「直接撮った映像」)	직캠	チッケム
録音	녹음	ノグム

K-POP

MEMO
アイドルの応援はSNSで！

アイドルの授賞式が多い韓国では、SNS投票で推しを応援することが主流。ファンの愛にあふれた熱い投稿で競争は盛り上がり、世界的な音楽チャートであるビルボードでK-POPはどんどん存在感を増していきました。

アイドル① アイドル全般

アイドル	아이돌	アイドル
メンバー	멤버	メンボ
新人	신인	シニン
デビュー	데뷔	デブィ
所属事務所	소속사	ソソクサ
企画事務所	기획사	キフェクサ
練習生	연습생	ヨンスプセン
プロ	프로	プロ
芸能	예능	イェヌン
芸能人	연예인	ヨネイン
スカウト	스카웃	スカウッ
オーディション	오디션	オディション
先輩	선배	ソンベ
後輩	후배	フベ
友情	우정	ウジョン
第一印象	첫인상	チョディンサン

雰囲気	분위기	プヌィギ
タメ口	반말	パンマル
言い方	말투	マルトゥ
標準語	표준어	ピョジュノ
尊敬語	존댓말	チョンデンマル
方言	사투리	サトゥリ
宿舎	숙소	スクソ
ルームメイト	룸메이트	ルムメイトゥ
同期	동기	トンギ
プロデューサー	프로듀서	プロデュソ
マネージャー	매니저	メニジョ
リーダー	리더	リド
末っ子	막내	マンネ
長男	맏형	マテョン
長女	맏언니	マドンニ
関係性	관계성	クァンゲソン
魅力	매력	メリョク
アピール	어필	オピル

アイドル②

愛称

推しは	???	です

↓

최애는	???	이에요/예요
チュエエ ヌン		イエヨ/エヨ

愛称
애칭
エチン

顔の天才
얼굴 천재 オルグルチョンジェ

鍛え上げられた体
몸짱 モムチャン

日本語が流暢な人
일본어능력자 イルボノヌンニョクチャ

泣き虫 울보 ウルボ

こんにちは

愛らしい子
애교쟁이 エギョジェンイ

ダンスマシーン
댄싱머신 デンシンモシン

よくできた末っ子
황금막내 ファングムマンネ

キャッチフレーズ	캐치 프레이즈	ケチプレイズ
キャラクター	캐릭터	ケリクト
男らしい男／男の中の男	상남자	サンナムジャ
かまってさん	껌딱지	ッコムタクチ
可愛い子	귀요미	クィヨミ
愛されっ子	사랑둥이	サランドゥンイ
ガールクラッシュ	걸크러쉬	ゴルクロスィ
セクシー	섹시	セクシ
シック	시크	シク
カリスマ	카리스마	カリスマ
キューティー	큐티	キュティ
クールだ	쿨하다	クラダ
ツンデレ	츤데레	チュンデレ
ビジュアル	비주얼	ビジュオル
おしゃべり	수다쟁이	スダジェンイ
エナジー	에너지	エノジ
弱いメンタル	유리멘탈	ユリメンタル
強いメンタル	멘탈갑	メンタルカプ

K-POP

アイドル③　メッセージ

たくさん待ったでしょ？	많이 기다리셨죠？	マニ　キダリショッチョ
期待してもいいです	기대해도 좋습니다！	キデヘド　チョッスムニダ
みなさんのおかげです	여러분 덕분이에요	ヨロブン　トゥプニエヨ
愛してくださった分	사랑해주신 만큼	サランヘジュシン　マンクム
変わらない心で	변치 않는 마음으로	ピョンチ　アンヌン　マウムロ
初心を忘れずに	초심을 잃지 않고	チョシムル　イルチ　アンコ
夢を叶えることができました	꿈을 이룰 수 있었어요	ックムル　イルル　ス　イッソッソヨ
いろんな姿を	다양한 모습을	タヤンハン　モスブル
最善を尽くします	최선을 다하겠습니다	チェソヌル　タハゲッスムニダ
ついてきてくれてありがとう	따라와줘서 고마워요	ッタラワジョソ　コマウォヨ
夢で会おう	꿈에서 만나요	ックメソ　マンナヨ
力になってくれてありがとう	힘이 되어줘서 고마워요	ヒミ　トェオジョソ　コマウォヨ
たくさんの愛をありがとうございます	많은 사랑을 감사합니다	マヌン　サランウル　カムサハムニダ
忘れられない思い出です	잊지 못할 추억입니다	イッチ　モタル　チュオギムニダ
泣かないと思ってたのに	안 울려고 했는데	ア　ヌルリョゴ　ヘンヌンデ
自慢の末っ子です	자랑스러운 막내예요	チャランスロウン　マンネエヨ

感慨深いです	감회가 새로워요	カムェガ セロウォヨ
さらに頑張る〜になります	더욱 열심히 하는~이/가 되겠습니다	トゥゥ ヨルシミ ハヌン イ/ガ テゲッスムニダ
ありがたくもあり愛してます	고맙고 사랑합니다	コマプコ サランハムニダ
挨拶をいたします	인사드리겠습니다	インサドゥリゲッスムニダ
信じられません	믿기지가 않아요	ミッキジガ アナヨ
ここまで (今まで) 〜でした	지금까지~이었/였습니다	チグムカジ イオッ/ヨッスムニダ
ありがとうを言いたいです	고맙다는 말을 하고 싶어요	コマプタヌン マルル ハゴシポヨ
最後まで楽しんでください	끝까지 즐겨주세요	ックッカジ チュルギョジュセヨ
すごく感銘を受けました	되게 감동 받았어요	トェゲ カムドン パダッソヨ
熱気のせいで暑いです	열기 때문에 더워요	ヨルギ ッテムネ トゥォヨ
次の曲は〜	다음 곡은~	タウム コグン
時間がとても速いですね	시간이 너무 빠르네요	シガニ ノム ッパルネヨ
たくさん愛してください	많이 사랑해 주세요	マニ サランヘ ジュセヨ
もう最後の曲ですね	벌써 마지막 곡이네요	ポルソ マジマク コギネヨ
幸せにしてあげます	행복하게 해 드릴게요	ヘンボカゲ ヘ ドゥリルケヨ
私たちを信じてください	저희를 믿으세요	チョイルル ミドゥセヨ
みなさんを笑わせます	여러분들을 웃게 만들게요	ヨロブンドゥルル ウッケ マンドゥルケヨ
泣かないでください	울지 마요	ウルジ マヨ

韓国アイドルの変遷

時代とともにアイドルのいでたちや曲調なども変わってきました。ここ10年ほどで比べてみてもその変化はめざましいものがあります。例えば10年前は、奇抜な髪型やオールバックの男性アイドルが多く、ワイルドな男らしさが前面に出ていました。メイクも、アイラインは濃く、唇の色は薄く、というのがお決まりでした。

ところが今は、前髪を下ろしたさらさらストレートな髪型の子が多く、ツートンカラーにしたりやグラデーションをいれたりと個性を出すメンバーもいたりして、爽やかさとインパクトが重要視されているように感じます。コスメ広告のモデルに男性アイドルが起用されるほど、メイクも華やかなものになってきました。また、曲もゴリゴリのヒップホップではなく、恋愛や青春をテーマにした爽やかなものが好まれるようになりました。

推しとの交流

VLIVE

日本デビューする

일본 데뷔할 イルボン デブィハル

※原形は日本 데뷔하다 (イルボン デブィハダ)

日本に行く

일본에 갈 イルボネ カル

※原形は日本에 가다 (イルボネ カダ)

VLIVE

V앱
ブイエプ

入れ替えフレーズ

???	つもりはありますか？

↓

???	生角が ありますか？

生각이 있어요?
センガギ イッソヨ

推しとの交流

ピアスを開ける
귀 뚫을 クィ ットゥルル

※原形は귀 뚫다（クィ ットゥルタ）

髪を染める
염색할 ヨムセカル

※原形は염색하다（ヨムセカダ）

タトゥーを入れる
타투할 タトゥハル

※原形は타투하다（タトゥハダ）

恋しい	그리워	クリウォ
愛してる	사랑해	サランヘ
かわいくて死にそう	귀여워 죽겠어	クィヨウォ チュッケッソ
愛してる オッパ	사랑해요 오빠	サランヘヨ オッパ
オッパ 会いたいです	오빠 보고 싶어요	オッパ ポゴ シポヨ
オッパが最高です	오빠가 최고예요	オッパガ チュェゴエヨ
本当に生きてけない	진짜 못 살겠다	チンチャ モッ サルゲッタ
すごく会いたかった	너무 보고 싶었어	ノム ポゴ シポッソ
お疲れ様でした	수고했어요	スゴヘッソヨ
疲れて見えます	피곤해 보여요	ピゴネ ポヨヨ
電波が不安定です	전파가 불안정해요	チョンパガ プランジョンヘヨ
たびたび途切れます	자꾸 끊겨요	チャック ックンキョヨ
今日のTMIを教えてください	오늘의 TMI를 알려 주세요	オヌレ TMIルル アルリョ ジュセヨ
香水は何を使ってますか?	향수는 뭘 쓰고 있어요?	ヒャンスヌン ムォル ッスゴ イッソヨ
なんで化粧してるの?	왜 화장하고 있어요?	ウェ ファジャンハゴ イッソヨ
最近覚えた日本語は?	최근 외운 일본어는 뭐예요?	チェグン ウェウン イルボノヌン ムォエヨ
好きな色は何ですか?	좋아하는 색깔은 뭐예요?	チョアハヌン セッカルン ムォエヨ
ご飯食べましたか?	밥 먹었어요?	パプ モゴッソヨ

今どこですか？	지금 어디예요？	チグム　オディエヨ
今ハマっているものは？	지금 빠져있는 것은？	チグム　ッパジョ　インヌン　ゴスン
最近聴いている曲は？	요즘 듣고 있는 노래는？	ヨジュム　トゥッコインヌン　ノレヌン
背景画面（ロック画面）は何ですか？	배경화면은 뭐예요？	ペギョンファミョヌン　ムォエヨ
アルバムの中で好きな曲は？	앨범 중에 좋아하는 곡은？	エルボム　チュンエ　チョアハヌン　コグン
今何をしていますか？	지금 뭐하고 있어요？	チグム　ムォハゴ　イッソヨ
他のメンバーはどこですか？	다른 멤버는 어디예요？	タルン　メンボヌン　オディエヨ
歌を歌ってください	노래를 불러주세요	ノレルル　プルロジュセヨ
ルームメイトは誰ですか？	룸메이트는 누구예요？	ルムメイトゥヌン　ヌグエヨ
最近観た映画は？	최근에 본 영화는？	チュェグネ　ポン　ヨンファヌン
直したい習慣は？	고치고 싶은 습관은？	コチゴ　シプン　スプクァヌン
ハマっているスタイルは？	꽂혀 있는 스타일은？	ッコチョ　インヌン　スタイルン
何分までやるつもりなの？	몇 분까지 할 거예요？	ミョッ　ブンカジ　ハルコエヨ
挑戦してみたい事は？	도전하고 싶은 것은？	トジョナゴシプン　ゴスン

推しとの交流

MEMO

VLIVEでよく聞く TMIとは？

TMIとは「Too Much Information（多すぎる情報）」の略で、「知らなくてもいい情報」という意味です。そんな日々のたわいないことでも、ファンにとってアイドルのTMIは何より「知りたい」情報ですよね。VLIVEでは、「最近のTMIは？」「今日のTMIは？」とコメントすると、反応してくれやすいかもしれません。

新曲いつ出ますか?	신곡 언제 나와요?	シンゴゥ オンジェ ナワヨ
今回のコンセプトは何ですか?	이번 컨셉트는 뭐예요?	イボン コンセプトゥヌン ムォエヨ
ロールモデルは誰ですか?	롤 모델은 누구예요?	ロル モデルン ヌグエヨ
1位の公約は何ですか?	1위 공약이 뭐예요?	イルィ コンヤギ ムォエヨ
叶えたい夢は?	이루고 싶은 꿈은?	イルゴ シプン ックムン
行ってみたい国は?	가 보고 싶은 나라는?	カ ボゴ シプン ナラヌン
デビューした感想は?	데뷔한 소감은?	デビィハン ソガムン
コンプレックスありますか?	콤플렉스 있어요?	コンプルレクス イッソヨ
世話を焼くメンバーは?	손이 많이 가는 멤버는?	ソニ マニ カヌン メンボヌン
メンバーの癖は?	멤버의 버릇은?	メンボエ ポルスン
お母さんのようなメンバーは?	엄마같은 멤버는?	オンマガトゥン メンボヌン
お父さんのようなメンバーは?	아버지같은 멤버는?	アボジガトゥン メンボヌン
女性(男性)なら付き合いたいメンバーは?	여자 (남자) 라면 사귀고 싶은 멤버는?	ヨジャ (ナムジャ) ラミョン サグィゴ シプン メンボヌン
よく食べるメンバーは?	잘 먹는 멤버는?	チャル モンヌン メンボヌン
よく怒るメンバーは?	자주 화를 내는 멤버는?	チャジュ ファルル ネヌン メンボヌン
朝起きるのが早いメンバーは?	아침에 일어나는 게 빠른 멤버는?	アチメ イロナヌン ゲ ッパルン メンボヌン
秘密が多いメンバーは?	비밀이 많은 멤버는?	ピミリ マヌン メンボヌン
いつも感謝してるメンバーは?	항상 고마운 멤버는?	ハンサン コマウン メンボヌン

コメントを読んでください	댓글 읽어 주세요	テックル イルゴ ジュセヨ
腹筋を見せてください	복근 보여 주세요	ボックン ボヨ ジュセヨ
誕生日を祝ってください	생일을 축하해 주세요	センイルル チュカヘ ジュセヨ
名前を呼んでください	이름을 불러 주세요	イルムル プルロ ジュセヨ
スポ（スポイラー）を少ししてください	스포를 좀 해 주세요	スポルル チョム ヘ ジュセヨ
服を見せてください	옷을 보여 주세요	オスル ボヨ ジュセヨ
爪を見せてください	손톱을 보여 주세요	ソントブル ボヨ ジュセヨ
ゆっくり言ってください	천천히 말해 주세요	チョンチョニ マレ ジュセヨ
もう一回言ってください	다시 말해 주세요	タシ マレ ジュセヨ
演技してください	연기해 주세요	ヨンギヘ ジュセヨ
ハートください	하트 주세요	ハトゥ ジュセヨ
コンサートしてください	콘서트 해 주세요	コンソトゥ ヘ ジュセヨ
ファンミーティングしてください	팬미팅 해 주세요	ペンミティン ヘ ジュセヨ
顔を見せてください	얼굴 보여 주세요	オルグル ボヨ ジュセヨ
愛嬌を見せてください	애교를 보여 주세요	エギョルル ボヨ ジュセヨ
フィルターを変えてください	필터를 바꿔 주세요	ピルトルル パックォ ジュセヨ

推しとの交流

MEMO

「スポ」ってなに？

スポは英語の「スポイラー」の略語で、日本語だと「ネタバレ」という意味になります。日本語と同じく、映画や小説などのネタバレも指しますが、最近発表した曲や次回作の一部を披露してほしいときに、アイドルに「スポをしてください」と言うのもアリです。

ファンミ① ファンからのメッセージ

ファン	팬	ペン
ファンミ	팬미	ペンミ
ファンクラブ	팬클럽	ペンクルロプ
ファンサイト	팬사이트	ペンサイトゥ
握手会	악수회	アクスフェ
サイン会	사인회	サイヌェ
ハイタッチ会	하이파이브회	ハイパイブフェ
フォトタイム	포토타임	ポトタイム
Q&A コーナー	질문 코너	チルムン　コノ
抽選	추첨	チュチョム
当選	당첨	タンチョム
プレゼント	선물	ソンムル
ファンレター	팬레터	ペンレト
サイン	사인	サイン
日本から来ました	일본에서 왔어요	イルボネソ　ワッソヨ
私、ファンなんですよ	저 팬이거든요	チョ　ペニゴドゥンニョ

待ってたよ	기다리고 있었어	キダリゴ イッソッソ
すごく会いたかったです	너무 보고 싶었어요	ノム ポゴ シポッソヨ
日本にも来てください	일본에도 와 주세요	イルボネド ワ ジュセヨ
握手してください	악수해 주세요	アクスヘ ジュセヨ
名前を書いてください	이름을 써 주세요	イルムル ッソ ジュセヨ
メッセージを書いてください	메시지를 써 주세요	メシジルル ッソ ジュセヨ
一緒に写真撮っても大丈夫ですか?	같이 사진 찍어도 돼요?	カチ サジン ッチゴド ドェヨ
サインしてください	사인해 주세요	サイネ ジュセヨ
ポーズしてください	포즈해 주세요	ポズヘ ジュセヨ
ハートください	하트 주세요	ハトゥ ジュセヨ
コンサート行きました	콘서트 갔어요	コンソトゥ カッソヨ
ミュージックビデオ見ました	뮤직비디오 잘 봤어요	ミュジクビディオ チャル ポァッソヨ
演技がすごくお上手ですね	연기 너무 잘하시네요	ヨンギ ノム チャラシネヨ
ここも少し見てください	여기도 좀 봐 주세요	ヨギド チョム ポァ ジュセヨ
ここにも来てください	여기도 와 주세요	ヨギド ワ ジュセヨ
ご飯食べましたか?	밥 먹었어요?	パプ モゴッソヨ?
行かないでください	가지 마세요	カジ マセヨ
待ってるよ	기다릴게	キダリルケ

推しとの交流

ファンミ②　アイドルからのメッセージ

帰ってきました	잘 다녀왔어요	チャル　タニョワッソヨ
ご飯しっかり食べてくださいね	밥 챙겨 먹어요	パブ　チェンギョ　モゴヨ
元気に過ごしています	잘 지내고 있어요	チャル　チネゴ　イッソヨ
賞をもらいました	상 받았어요	サン　パダッソヨ
ファンのみなさんのおかげです	팬분들 덕분이에요	ペンブンドゥル　トクプニエヨ
明日、会いましょう	내일 봐요	ネイル　ボァヨ
後で会いましょう	이따가 만나요	イッタガ　マンナヨ
グッドモーニング	굿모닝	グッモニン
今何してる？	지금 뭐해요？	チグム　ムォヘヨ
みなさん頑張ってください	모두 힘내세요	モドゥ　ヒムネセヨ
頑張ってくださいね	파이팅하세요	パイティンハセヨ
かっこいい姿をお見せします	멋있는 모습을 보여드릴게요	モシンヌン　モスブル　ポヨドゥリルケヨ
風邪に気をつけてください	감기 조심하세요	カムギ　チョシマセヨ
楽しい一日を過ごしてください	즐거운 하루 보내세요	チュルゴウン　ハル　ポネセヨ
いつもありがとう	항상 고마워요	ハンサン　コマウォヨ
ステージ、いかがでしたか？	무대 잘 보셨나요？	ムデ　チャル　ポションナヨ

会えるのが楽しみ	만날 생각에 두근두근	マンナル センガゲ トゥグンドゥグン
誕生日祝ってくれてありがとう	생일 축하해 줘서 고마워요	センイル チュカヘ ジョソ コマウォヨ
インスタライブします	인스타라이브할게요	インスタライブハルケヨ
幸せな誕生日を送りました	행복한 생일을 보냈습니다	ヘンボカン センイルル ポネッスムニダ
たくさんの関心をお願いします	많은 관심을 부탁드립니다	マヌン クァンシムル プタクトゥリムニダ
服を暖かく着てください	옷 따뜻하게 입으세요	オッ ッタットゥタゲ イブセヨ
よい週末を過ごしてください	주말을 잘 보내세요	チュマルル チャル ポネセヨ
リアルタイムで見てください	본방 사수해 주세요	ポンバン サスヘ ジュセヨ
帰り道です	퇴근길이에요	トェグンキリエヨ
気をつけて帰ってください	조심히 들어가요	チョシミ トゥロガヨ
来てくれてありがとう	와 줘서 고마워요	ワ ジュォソ コマウォヨ
大きな賞をもらいました	큰 상을 받았어요	クン サンウル パダッソヨ
明けましておめでとうございます	새해 복 많이 받으세요	セヘ ポク マニ パドゥセヨ
メリークリスマス	메리 크리스마스	メリ クリスマス

MEMO

推しとの交流

伝えたいことを忘れないために

これ以上ないほど至近距離で推しに近づけるチャンスである、ファンミーティングやサイン会。推しに伝えたいことをあらかじめ手に書いておいたり、短い単語を何度も練習するとよいでしょう。ポストイットは会場によっては禁止されていることもあるので注意が必要です。

オタク活動

入れ替えフレーズ

| 推しの誕生日に | ??? | を作りました！ |

⬇

| 최애 생일에 | ??? | 을/를 만들었어요！ |
| チュェエ　センイル | | ウル/ルル　マンドゥロッソヨ |

\HAPPY BIRTHDAY/

| 看板 | カップホルダー | 映像広告 |
| 간판 カンパン | 컵홀더 コボルド | 영상광고 ヨンサンクァンゴ |

| バス |
| 버스 ボス |

誕生日サポート

생일 서포트
センイル ソポトゥ

原形 誕生日を迎える	생일을 맞이하다	センイルル マジハダ
ヘヨ 誕生日を迎えます	생일을 맞이해요	センイルル マジヘヨ
～回目誕生日	～번째 생일	ポンチェ センイル
参加方法	참여 방법	チャミョ パンボプ
募集	모집	モジプ
関心	관심	クァンシム
参加	참여	チャミョ
誕生日記念	생일 기념	センイル キニョム
進行	진행	チネン
メッセージブック	메시지북	メシジブク
数量	수량	スリャン
先着順	선착순	ソンチャクスン
地下鉄	지하철	チハチョル
広告	광고	クァンゴ
電光掲示板	전광판	チョングァンパン
募金	모금	モグム
無料贈呈	무료 증정	ムリョ チュンジョン
配布	배포	ペポ

推しとの交流

(韓国語でいう) オタク	덕후	トク
(日本語でいう) オタク	오타쿠	オタク
オタクではない人	머글	モグル
オタクになること	입덕 (입덕후の略)	イブトク (イブトク)
オタク活動	덕질 (덕후질の略)	トクチル (トクチル)
オタクになったキッカケ	입덕계기	イブトクケギ
オタクをやめる	탈덕 (탈덕후の略)	タルトク (タルトク)
成功したオタク	성덕 (성공덕후の略)	ソンドゥ (ソンゴントク)
雑食オタク	잡덕 (잡덕후の略)	チャブトク (チャブトク)
隠れたオタク	숨덕 (숨덕후の略)	スムドゥ (スムトク)
オタク活動を休む	휴덕 (휴덕후の略)	ヒュドゥ (ヒュドク)
アイドルの追っかけをする女	빠순이 (오빠순이の略)	ッパスニ (オッパスニ)
アイドルの追っかけをする男	빠돌이 (오빠돌이の略)	ッパドリ (オッパドリ)
オタクの中のオタク	씹덕 (씹덕후の略)	シブトゥ (ッシブトク)
マスター	마스타님	マスタニム
マスター集団	대포	テポ
何かに熱中している人、ファン	버프	ボブ
ファンダム (ファン層)	팬덤	ペンドム

少数派のファン	한줌단	ハンジュムダン
自分のピック	자기 픽	チャギ　ピク
一推し	최애	チュエエ
二推し	차애	チャエ
オールファン（箱推し）	올팬	オルペン
〜人だけ支持（グループ内で一部だけ支持すること）	〜인지지	インジジ
原形 アイドルと同じアイテムを買う	손민수하다	ソンミンスハダ
ヘヨ アイドルと同じアイテムを買います	손민수해요	ソンミンスヘヨ
推しが世界一（直訳は「トップ中のトップ」）	원탑	ウォンタプ
定期オフ会	정모 (정기모임の略)	チョンモ（チョンギモイム）
認証ショット	인증샷	インジュンシャット
公式カフェ／ファンカフェ	공카 (공식팬카페の略)	コンカ（コンシクペンカペ）
展示会	전시회	チョンシフェ
フォト交換	포카 교환	ポカ　キョファン

推しとの交流

MEMO

推しの誕生日にはサポートを！

推しの誕生日にファンが集まってお金を出し合い、カップホルダーや看板、テレビCMなどを作成する「誕生日サポート」という文化。カップホルダーなどは様々なカフェが協力しているので、カップホルダーめぐりも楽しいかも。

ルックス

外見	외모	ウェモ
美貌	미모	ミモ
顔／見た目 (俗語)	와꾸	ワク
(原形) きれいだ	예쁘다	イェップダ
(ヘヨ) きれいです	예뻐요	イェッポヨ
(原形) 美しい	아름답다	アルムダプタ
(ヘヨ) 美しいです	아름다워요	アルムダウォヨ
(原形) かっこいい	잘생겼다	チャルセンギョッタ
(ヘヨ) かっこいいです	잘생겼어요	チャルセンギョッソヨ
めっちゃかっこいい	겁나 잘생겼다	コンナ　チャルセンギョッタ
(原形) かわいい	귀엽다	クィヨプタ
(ヘヨ) かわいいです	귀여워요	クィヨウォヨ
めっちゃかわいい (SNS用語)	귀염뽀짝	クィヨムポッチャク
この上なく最高	킹왕짱	キンワンチャン
ハンサム	핸섬	ヘンソム
美女	미녀	ミニョ

推しとの交流

美人	미인	ミイン
美男	미남	ミナム
王子様	왕자님	ワンジャニム
お姫様	공주	コンジュ
(原形) 目が大きい	눈이 크다	ヌニ クダ
(ヘヨ) 目が大きいです	눈이 커요	ヌニ コヨ
(原形) すらっとしている	날씬하다	ナルシナダ
(ヘヨ) すらっとしています	날씬해요	ナルシネヨ
童顔	동안	トンアン
(原形) 脚が長い	다리가 길다	タリガ キルダ
(ヘヨ) 脚が長いです	다리가 길어요	タリガ キロヨ
(原形) 背が高い	키가 크다	キガ クダ
(ヘヨ) 背が高いです	키가 커요	キガ コヨ
君 かわいいこと知ってる?	너 귀여운 거 알아?	ノ クィヨウン ゴ アラ
オンニすごくきれいです	언니 너무 예뻐요	オンニ ノム イェッポヨ
なんでそんなにきれいなの?	왜 그렇게 예뻐?	ウェ グロッケ イェッポ

MEMO	와꾸 (ワク) は日本語の「枠」から来ており、韓国では
俗語の意外なルーツ	「顔」の俗語とされています。 また、뽀짝 (ポッチャク) は、もともと方言でしたが、今では「かわいい」という意味で広く使われています。

ファンレター

〜へ	〜에게	エゲ
愛する〜	사랑하는〜	サラハヌン
はじめて手紙を書きます	처음으로 편지를 씁니다	チョウムロ ビョンジルル ッスムニダ
久しぶりに手紙を書きます	오랜만에 편지를 씁니다	オレンマネ ビョンジルル ッスムニダ
私は日本のファンです	저는 일본 팬입니다	チョヌン イルボン ペニムニダ
私は日本に住んでいる〜です	저는 일본에 살고 있는 〜라고 합니다	チョヌン イルボネ サルゴ インヌン ラゴ ハムニダ
まだ韓国語をうまくできないです	아직 한국어를 잘 못합니다	アジク ハングゴル チャル モタムニダ
韓国語を勉強中です	한국어를 공부 중입니다	ハングゴル コンブ チュンイムニダ
私は〜の時からファンです	저는 〜때부터 팬입니다	チョヌン ッテブト ペニムニダ
ファンになって〜年経ちました	팬이 된 지 〜년 됐습니다	ペニ トェン ジ ニョン トェッスムニダ
私がファンになったキッカケは〜	제가 팬이 된 계기는 〜	チェガ ペニ トェン ケギヌン
力をもらっています	힘을 받고 있습니다	ヒムル パッコ イッスムニダ
いつでも応援しています	언제나 응원하고 있습니다	オンジェナ ウンウォナゴ イッスムニダ
体に気をつけてください	몸 조심하세요	モム チョシマセヨ

MEMO

完璧じゃなくていい！

推しへの手紙は、なるべく上手い韓国語で気持ちを伝えたいですよね。でも完璧にする必要はありません。頑張って日本語を話してくれる推しがかわいいように、頑張って書いたことが伝わる手紙は推しもかわいいと思ってくれるはずです。

ハングルとは？

韓国語ってどんな言語？

① 言葉の並びは日本語とだいたい同じだから覚えやすい！

韓国語は日本語と基本的に語順が同じです。文章は主語、目的語、述語という順番に並びます。そして名詞などの体言には助詞がつきます。

チョヌン	キガ	クン	サラム	イムニダ
저는	키가	큰	사람	입니다
私は	背が	大きい	人	です

② 活用の変化はルールを覚えてマスターしよう！

「食べる」の語幹は"食べ"です。そこから「食べる」「食べます」「食べました」と変形していくのは韓国語も同じ。ただし日本語と違い、辞書に書いてある原形（語幹＋다）のままでは使うことができないので気をつけましょう。

먹	다	→	食	べる
먹	어요		食	べます
먹	었어요		食	べました

動詞も形容詞も原形は語尾に"다"がつくよ！

ハングルとは？

ハングルとは韓国語を表記するときに使う文字のことです。ハングルには母音と子音があり、その組み合わせで成り立っています。例えば、ㄱ（k）という子音とㅏ（a）という母音を組み合わせると、가（ka）になります。ローマ字に似ていると考えるとわかりやすいかもしれません。ハングルの組み合わせは基本的に4つのパターンがあります。

子音＋母音の組み合わせ

① ヨコの組み合わせ

② タテの組み合わせ

子音＋母音＋子音の組み合わせ

③ ヨコの組み合わせ

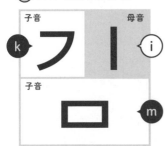

④ タテの組み合わせ

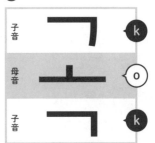

基本の母音は10文字

まずは基本の母音から！　基本の母音は 10 文字あります。
音のない子音（無音）ㅇをつけた形で確認しましょう。なお、아（ア）に棒を 1 本足すと야（ヤ）、어（オ）に棒を 1 本足すと여（ヨ）になるように、覚えやすくなっているものもあります。

| ア
아
a | 日本語の「ア」と同じ | 例 **아들**
アドゥル | 息子 |
| | | 例 **아침**
アチム | 朝 |

| ヤ
야
ya | 日本語の「ヤ」と同じ | 例 **야구**
ヤグ | 野球 |
| | | 例 **야경**
ヤギョン | 夜景 |

| オ
어
eo | 日本語の「ア」の口で「オ」
日本語にはない音 | 例 **어학**
オハク | 語学 |
| | | 例 **어깨**
オッケ | 肩 |

| ヨ
여
yeo | 日本語の「ア」の口で「ヨ」
日本語にはない音 | 例 **여우**
ヨウ | キツネ |
| | | 例 **여자**
ヨジャ | 女 |

오 オ o	日本語の「オ」と同じ	例 **오늘** オヌル	今日
		例 **오빠** オッパ	お兄さん
요 ヨ yo	日本語の「ヨ」と同じ	例 **요리** ヨリ	料理
		例 **요즘** ヨジュム	最近
우 ウ u	日本語の「ウ」と同じ	例 **우동** ウドン	うどん
		例 **우리** ウリ	私たち
유 ユ yu	日本語の「ユ」と同じ	例 **유리** ユリ	ガラス
		例 **유산** ユサン	遺産
으 ウ eu	日本語の「イ」の口で 「ウ」 日本語にはない音	例 **으악** ウアク	わっ！
		例 **으로** ウロ	～で
이 イ i	日本語の「イ」と同じ	例 **이** イ	歯
		例 **이론** イロン	理論

ハングルとは？

組み合わせた母音 (合成母音)は11文字

基本の母音を組み合わせた母音のことを合成母音といいます。合成母音は11文字あります。難しく聞こえるかもしれませんが、母音と母音の足し算だと考えると、文字も読み方も覚えやすくなるものもあります（※マークの文字をのぞく）。

オ　　　　　ア　　　　　ワ

오 ✚ **아** ➡ **와**

o　　　　　a　　　　　wa

MEMO | 「オ」のあとにすばやく「ア」を発音するとイメージしやすい

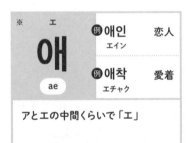

※ エ
애 ae

例 애인	恋人
エイン	
例 애착	愛着
エチャク	

アとエの中間くらいで「エ」

※ イェ
얘 yae

例 얘기	話
イェギ	
例 얘	この子
イェ	

唇を横に引いて日本語の「イェ」

エ
에 e

| 例 에코백 エコバック |
| エコベク |
| 例 에메랄드 エメラルド |
| エメラルドゥ |

日本語の「エ」と同じ

※ イェ
예 ye

例 예술	芸術
イェスル	
例 예약	予約
イェヤク	

日本語の「イェ」と同じ

ワ
와
wa

例 〜와　　〜と
ワ

例 와플　ワッフル
ワプル

日本語の「ワ」と同じ

ウェ
왜
wae

例 왜　　なぜ
ウェ

「オ」と「エ」を繋いで発音するように「ウェ」

※　ウェ
외
oe

例 외국　　外国
ウェグク

例 외우다　覚える
ウェウダ

日本語の「ウェ」と同じ

ウォ
워
wo

例 워킹　ウォーキング
ウォキン

例 원고　　原稿
ウォンゴ

「ウ」と「オ」を繋いで発音するように「ウォ」

ウェ
웨
we

例 웨이터　ウェイター
ウェイト

例 웨딩　ウェディング
ウェディン

「ウ」と「エ」を繋いで発音するように「ウェ」

ウィ
위
wi

例 위장　　胃腸
ウィジャン

例 위치　　位置
ウィチ

唇を前に突き出し「ウ」と「イ」を繋いで発音するように「ウィ」

ウィ/エ
의
ui/e

例 의학　　医学
ウィハク

例 나의　　私の
ナエ

口を横に開き「ウ」と「イ」を繋いで発音するように「ウィ」

※ 의は ui（ウィ）と発音する場合と
　 e（エ）と発音する場合があります。

ハングルとは？

基本の子音は10文字

基本の子音は 10 文字あります。母音の ト (a) をつけた形で確認しましょう。また、子音の応用として覚えてほしいのが激音と濃音です。

カ
가 ka

例 **가구** 家具
　カグ

例 **가방** カバン
　カバン

日本語の「カ」と同じ
語中では「ガ」になる

ナ
나 na

例 **나이** 歳
　ナイ

例 **나날** 日々
　ナナル

日本語の「ナ」と同じ

タ
다 ta

例 **다시** もう一度
　タシ

例 **다음** 次
　タウム

日本語の「タ」と同じ
語中では「ダ」になる

ラ
라 la

例 **라면** ラーメン
　ラミョン

例 **라이브** ライブ
　ライブ

日本語の「ラ」と同じ

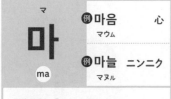

マ
마 ma

例 **마음** 心
　マウム

例 **마늘** ニンニク
　マヌル

日本語の「マ」と同じ

パ
바 pa

例 **바다** 海
　パダ

例 **바지** ズボン
　パジ

日本語の「パ」と同じ
語中では「バ」になる

激音（4文字）と濃音（5文字）

韓国語には激音と濃音という音があります。日本語にはない音なので、聞き分けるのも言い分けるのも難しいかもしれません。声を届かせる"方向"を意識しながら習得していきましょう。なお、激音の「h」は息を強く出すという意味で、「kha」などは「カハッ」となります。

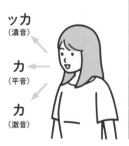

ッカ
（濃音）

カ
（平音）

カ
（激音）

	ka 가	ta 다	pa 바	sa 사	cha 자
平音	ka 가	ta 다	pa 바	sa 사	cha 자
激音	kha 카	tha 타	pha 파	/	chha 차
濃音	kka 까	tta 따	ppa 빠	ssa 싸	ccha 짜

| まっかの「っか」 | 貼ったの「った」 | かっぱの「っぱ」 | マッサージの「っさ」 | 抹茶の「っちゃ」 |

パッチム

子音（左）＋母音（右）の形のハングルに2つ目の子音（下）がつくことがあり、パッチムと呼ばれます。パッチムは小さく発音するので、カタカナのルビを小さくしてあります。日本語にはない発音なので、集中して聞き取りましょう。

※「子音＋母音＋母音＋子音」のパターンもありますが、使われる文字の例は多くはありません。

「子音＋母音＋子音」のパターン

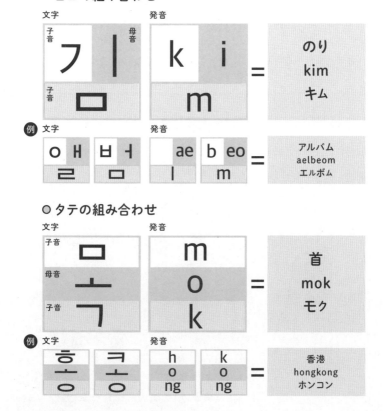

◉ ヨコの組み合わせ

文字 ／ 発音

子音 フ（k）　母音 ｜（i）　子音 ㅁ（m） = のり　kim　キム

例　文字 ／ 発音

ㅇㅐ ㅂㅓ ／ ㄹ ㅁ = ae b eo / l m = アルバム　aelbeom　エルボム

◉ タテの組み合わせ

文字 ／ 発音

子音 ㅁ（m）　母音 ㅗ（o）　子音 ㄱ（k） = 首　mok　モク

例　文字 ／ 発音

ㅎㅗㅇ ㅋㅗㅇ ／ h o ng　k o ng = 香港　hongkong　ホンコン

「子音＋母音＋子音＋子音」のパターン

2つの子音が続いている場合はどちらか一方を発音します。

※左右のパッチムが同じ「ㄲ」と「ㅆ」の場合は「ッ」と発音します。

> この3つだけ！
> あとはすべて
> 左側を
> 発音します

● 右側の子音を発音するもの

ㄹㄱ　　ㄹㅁ　　ㄹㅍ

= 鶏
tak
タク

= 人生
sam
サム

● 左側の子音を発音するもの　　※「ㄼ」は右側を発音する場合もあります。

ㄱㅅ　　ㄴㅈ　　ㄴㅎ　　ㄹㅂ　　ㄹㅅ　　ㄹㅎ　　ㄹㅌ　　ㅂㅅ

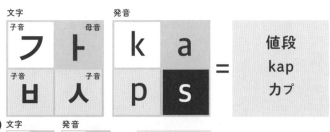

= 値段
kap
カプ

= 魂
neok
ノク

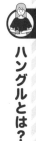

ハングルとは？

発音の変化

韓国語はハングル表記されている音と実際に口にする音とでは
発音が異なります。パッチムにより音が変化するからです。そ
の変化にも法則があるので、確認していきましょう。

法則をある程度頭に入れたら、ネイティブの韓国語を聞いて何
回も真似して発音してみてください。

※本書では読みやすさと発音のしやすさを考慮し、発音を変化させずに表記してるものもあります。

---

① 連音化

パッチムの後ろに「ㅇ」がついた文字が続くと、「ㅇ」が前の文字のパッチ
ムと繋がって発音されます。

例　日本語　　イルボンオ　　　　　　イルボノ
　　　　　　　일본어　➡　**일보너**
　　　　　　　il-bon-o　　　　　　ilbono

일본と**어**の音からなっていますが 2 つを続けて読むとパッチムが**ㅇ**に移り
일본어と発音されます。

---

② 口蓋音化

ㄷ音、ㅌ音のパッチムの後ろに「이」が続くと、ㄷの場合は「지」、「ㅌ」の
場合は「치」と発音されます。

例

無理に　　クッイ　　　クジ　　　　一緒に　　カッイ　　　カチ
　　　　굳이　➡　**구지**　　　　　　**같이**　➡　**가치**
　　　　kut-i　　　kuji　　　　　　　　kat-i　　　kachi

굳이はパッチム**ㄷ**の後ろに**이**が続くため**구지**と発音され、**같이**はパッチム**ㅌ**
の後ろに**이**が続くため**가치**と発音されます。

③ 激音化

ㄱ音、ㄷ音、ㅂ音、ㅈ音のパッチムの前後に「ㅎ」が続くと、そのパッチムの激音である「ㅋ, ㅌ, ㅍ, ㅊ」と発音されます。

| 例 | 入学 | イプハク **입학** ip-hak | ➡ | イパク **이팍** iphak |

| 例 | おめでとう | チュクハヘ **축하해** chuk-ha-he | ➡ | チュカヘ **추카해** chukhahe |

입학はパッチムㅂの後ろにㅎが続くため**이팍**と発音され、**축하해**はパッチムㄱの後ろにㅎが続くため**추카해**と発音されます。

④ 濃音化

ㄱ音、ㄷ音、ㅂ音のパッチムの後ろに「ㄱ, ㄷ, ㅂ, ㅈ, ㅅ」が続くと、そのパッチムの濃音である「ㄲ, ㄸ, ㅃ, ㅉ, ㅆ」と発音されます。

| 例 | 食堂 | シクタン **식당** sik-tang | ➡ | シクッタン **식땅** sikttang |

| 例 | 合格 | ハプキョク **합격** hap-kyeok | ➡ | ハプッキョク **합껵** hapkkyeok |

식당はパッチムㄱの後ろにㄷが続くため**식땅**と発音され、**합격**はパッチムㅂの後ろにㄱが続くため**합껵**と発音されます。

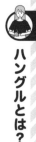

ハングルとは？

⑤ 流音化

ㄹ音のパッチムの後ろに「ㄴ」が続くとき、または、ㄴ音のパッチムの後ろに「ㄹ」が続くとき「ㄴ」は「ㄹ」と発音されます。

例 旧正月	ソルナル **설날** seol-nal	➡	ソルラル **설랄** seollal

例 新羅	シンラ **신라** sin-la	➡	シルラ **실라** silla

설날はパッチムㄹの後ろにㄴが続くため**설랄**と発音され、**신라**はパッチムㄴの後ろにㄹが続くため**실라**と発音されます。

---

⑥ 鼻音化

ㄱ音、ㄷ音、ㅂ音のパッチムの後ろに「ㄴ, ㅁ」が続くと、「ㅇ, ㄴ, ㅁ」と発音されます。

例 国民	ククミン **국민** kuk-min	➡	クンミン **궁민** kungmin

例 学問	ハクムン **학문** hak-mun	➡	ハンムン **항문** hangmun

국민はパッチムㄱの後ろにㅁが続くため**궁민**と発音され、**학문**もパッチムㄱの後ろにㅁが続くため**항문**と発音されます。

ハングルあいうえお表

まずは自分の名前をハングルで書いてみよう！

あ	아	い	이	う	우	え	에	お	오
か	가/카	き	기/키	く	구/쿠	け	게/케	こ	고/코
さ	사	し	시	す	스	せ	세	そ	소
た	다/타	ち	지/치※	つ	쓰※	て	데/테	と	도/토
な	나	に	니	ぬ	누	ね	네	の	노
は	하	ひ	히	ふ	후	へ	헤	ほ	호
ま	마	み	미	む	무	め	메	も	모
や	야			ゆ	유			よ	요
ら	라	り	리	る	루	れ	레	ろ	로
わ	와	を	오	ん	ㄴ/ㅁ/ㅇ	っ	ㅅ		

濁音・半濁音

が	가	ぎ	기	ぐ	구	げ	게	ご	고
ざ	자※	じ	지	ず	즈※	ぜ	제※	ぞ	조※
だ	다	ぢ	지※	づ	즈※	で	데	ど	도
ば	바	び	비	ぶ	부	べ	베	ぼ	보
ぱ	파	ぴ	피	ぷ	푸	ぺ	페	ぽ	포

その他

きゃ	갸/캬	きゅ	규/큐	きょ	교/쿄
しゃ	샤	しゅ	슈	しょ	쇼
にゃ	냐	にゅ	뉴	にょ	뇨
ひゃ	햐	ひゅ	휴	ひょ	효
みゃ	먀	みゅ	뮤	みょ	묘
りゃ	랴	りゅ	류	りょ	료

ハングルをマスターしたところで、さっそくハングルで自分の名前を書いてみましょう。この一覧は、日本の五十音にハングルを当てはめたものです。

※マークのものは正確に言うと
日本語の発音と同じではありません。

ハングル一覧表

子音＼母音	発音	ㅏ a	ㅑ ya	ㅓ eo	ㅕ yeo	ㅗ o	ㅛ yo	ㅜ u	ㅠ yu	ㅡ eu	ㅣ i
ㄱ	가	갸	거	겨	고	교	구	규	그	기	
語頭 k / 語中 g	カ/ガ	キャ/ギャ	コ/ゴ	キョ/ギョ	コ/ゴ	キョ/ギョ	ク/グ	キュ/ギュ	ク/グ	キ/ギ	
ㄴ	나	냐	너	녀	노	뇨	누	뉴	느	니	
n	ナ	ニャ	ノ	ニョ	ノ	ニョ	ヌ	ニュ	ヌ	ニ	
ㄷ	다	댜	더	뎌	도	됴	두	듀	드	디	
語頭 t / 語中 d	タ/ダ	テャ/デャ	ト/ド	テョ/デョ	ト/ド	テョ/デョ	トゥ/ドゥ	テュ/デュ	トゥ/ドゥ	ティ/ディ	
ㄹ	라	랴	러	려	로	료	루	류	르	리	
r	ラ	リャ	ロ	リョ	ロ	リョ	ル	リュ	ル	リ	
ㅁ	마	먀	머	며	모	묘	무	뮤	므	미	
m	マ	ミャ	モ	ミョ	モ	ミョ	ム	ミュ	ム	ミ	
ㅂ	바	뱌	버	벼	보	뵤	부	뷰	브	비	
語頭 p / 語中 b	バ/バ	ビャ/ビャ	ポ/ボ	ピョ/ビョ	ポ/ボ	ピョ/ビョ	プ/ブ	ピュ/ビュ	プ/ブ	ピ/ビ	
ㅅ	사	샤	서	셔	소	쇼	수	슈	스	시	
s	サ	シャ	ソ	ショ	ソ	ショ	ス	シュ	ス	シ	
ㅇ	아	야	어	여	오	요	우	유	으	이	
	ア	ヤ	オ	ヨ	オ	ヨ	ウ	ユ	ウ	イ	
ㅈ	자	쟈	저	져	조	죠	주	쥬	즈	지	
語頭 ch / 語中 j	チャ/ジャ	チャ/ジャ	チョ/ジョ	チョ/ジョ	チョ/ジョ	チョ/ジョ	チュ/ジュ	チュ/ジュ	チュ/ジュ	チ/ジ	
ㅎ	하	햐	허	혀	호	효	후	휴	흐	히	
h	ハ	ヒャ	ホ	ヒョ	ホ	ヒョ	フ	ヒュ	フ	ヒ	
ㅊ	차	챠	처	쳐	초	쵸	추	츄	츠	치	
chh	チャ	チャ	チョ	チョ	チョ	チョ	チュ	チュ	チュ	チ	
ㅋ	카	캬	커	켜	코	쿄	쿠	큐	크	키	
kh	カ	キャ	コ	キョ	コ	キョ	ク	キュ	ク	キ	
ㅌ	타	탸	터	텨	토	툐	투	튜	트	티	
th	タ	テャ	ト	テョ	ト	テョ	トゥ	テュ	トゥ	ティ	
ㅍ	파	퍄	퍼	펴	포	표	푸	퓨	프	피	
ph	パ	ピャ	ポ	ピョ	ポ	ピョ	プ	ピュ	プ	ピ	
ㄲ	까	꺄	꺼	껴	꼬	꾜	꾸	뀨	끄	끼	
kk	カ	キャ	コ	キョ	コ	キョ	ク	キュ	ク	キ	
ㄸ	따		떠	뗘	또		뚜		뜨	띠	
tt	タ		ト	テョ	ト		トゥ		トゥ	ティ	
ㅃ	빠	뺘	뻐	뼈	뽀	뾰	뿌	쀼	쁘	삐	
pp	バ	ピャ	ポ	ピョ	ポ	ピョ	プ	ピュ	プ	ピ	
ㅆ	싸		써		쏘	쑈	쑤		쓰	씨	
ss	サ		ソ		ソ	ショ	ス		ス	シ	
ㅉ	짜	쨔	쩌	쪄	쪼		쭈	쮸	쯔	찌	
cch	チャ	チャ	チョ	チョ	チョ		チュ	チュ	チュ	チ	

左欄の分類：子音／平音／激音／濃音　上欄：基本の母音

※空欄の文字は存在しますが、実際は使われません。

子音		発音	母音				合成母音						
			ㅐ ae	ㅒ yae	ㅔ e	ㅖ ye	ㅘ wa	ㅙ wae	ㅚ oe	ㅝ wo	ㅞ we	ㅟ wi	ㅢ ui/e
平音	ㄱ	語頭 k / 語中 g	개 ケ/ゲ	걔 キェ/ギェ	게 ケ/ゲ	계 キェ/ギェ	과 クァ/グァ	괘 クェ/グェ	괴 クェ/グェ	궈 クォ/グォ	궤 クェ/グェ	귀 クィ/グィ	긔 クィ/グィ
	ㄴ	n	내 ネ		네 ネ	녜 ニェ	놔 ヌァ		뇌 ヌェ	눠 ヌォ	눼 ヌェ	뉘 ヌィ	늬 ヌィ
	ㄷ	語頭 t / 語中 d	대 テ/デ		데 テ/デ	뎨 テェ/デェ	돠 トァ/ドァ	돼 トェ/ドェ	되 トェ/ドェ	둬 トゥォ/ドゥォ	뒈 トェ/ドェ	뒤 トィ/ドィ	듸 トィ/ドィ
	ㄹ	r	래 レ		레 レ	례 リェ	롸 ルァ		뢰 ルェ	뤄 ルォ	뤠 ルェ	뤼 ルィ	
	ㅁ	m	매 メ		메 メ	몌 ミェ	뫄 ムァ		뫼 ムェ	뭐 ムォ	뭬 ムェ	뮈 ムィ	
	ㅂ	語頭 p / 語中 b	배 ペ/ベ		베 ペ/ベ	볘 ピェ/ビェ	봐 プァ/ブァ	봬 プェ/ブェ	뵈 プェ/ブェ	붜 プォ/ブォ	붸 プェ/ブェ	뷔 プィ/ブィ	
	ㅅ	s	새 セ	섀 シェ	세 セ	셰 シェ	솨 スァ	쇄 スェ	쇠 スェ	숴 スォ	쉐 スェ	쉬 スィ	
	ㅇ	(無)	애 エ	얘 イェ	에 エ	예 イェ	와 ワ	왜 ウェ	외 ウェ	워 ウォ	웨 ウェ	위 ウィ	의 ウィ
	ㅈ	語頭 ch / 語中 j	재 チェ/ジェ	쟤 チェ/ジェ	제 チェ/ジェ	졔 チェ/ジェ	좌 チュア/ジュア	좨 チュエ/ジュエ	죄 チュエ/ジュエ	줘 チュオ/ジュオ	줴 チュエ/ジュエ	쥐 チュィ/ジュィ	
	ㅎ	h	해 ヘ		헤 ヘ	혜 ヒェ	화 ファ		회 フェ	훠 フォ	훼 フェ	휘 フィ	
激音	ㅊ	ch	채 チェ		체 チェ	쳬 チェ	촤 チュア		최 チュエ	춰 チュオ	췌 チュエ	취 チュィ	
	ㅋ	kh	캐 ケ		케 ケ	켸 キェ	콰 クァ	쾌 クェ	쾨 クェ	쿼 クォ	퀘 クェ	퀴 クィ	
	ㅌ	th	태 テ		테 テ	톄 テェ	톼 トァ		퇴 トェ	퉈 トゥォ		튀 トィ	
	ㅍ	ph	패 ペ		페 ペ	폐 ピェ	퐈 プァ		푀 プェ	풔 プォ		퓌 プィ	
濃音	ㄲ	kk	깨 ケ		께 ケ	꼐 キェ	꽈 クァ	꽤 クェ	꾀 クェ	꿔 クォ	꿰 クェ	뀌 クィ	
	ㄸ	tt	때 テ		떼 テ		똬 トァ	뙈 トェ	뙤 トェ		뛔 トェ	뛰 トゥィ	띄 トゥィ
	ㅃ	pp	빼 ペ		뻬 ペ				뾔 プェ				
	ㅆ	ss	쌔 セ		쎄 セ		쏴 スァ	쐐 スェ	쐬 スェ	쒀 スォ	쒜 スェ	쒸 スィ	씌 スィ
	ㅉ	tch	째 チェ		쩨 チェ		쫘 チュア	쫴 チュエ	쬐 チュエ	쭤 チュオ		쮜 チュィ	

勉強おつかれさま！
思い出せない言葉や気に
なる言葉があったら、
次ページから続くさくいん
で調べてみよう。

さくいん

さくいん

い

う

す

せ

な

ふ